spielen und lernen

Julia Rogge

Das Anti-Stress-Programm für die Familie

So werden Sie sicher und gelassen im Familientrubel

D1875193

oz velber

Fotos:
Titel: zefa / M. Möllenberg
EyeWire: S. 132; Anne Koch: S. 43; Ulrich Niehoff: S. 11, 13, 15, 25 (unten rechts), 33, 40, 50, 54, 67, 71, 83, 91, 95, 98, 99, 105, 114; Photodisc: S. 20, 36, 65, 80, 100, 109, 110, 117, 119, 123, 125, 139, U4; Bernd Schellhammer: S. 23, 87; Albert J. Schmidt: S. 34; Hartmut W. Schmidt: S. 8, 130; Velber im OZ Verlag: S. 32, 79, 120; Heidi Velten: S. 25 (oben links), 26, 29, 37, 39, 49, 53, 58, 63, 76, 96, 112, 116, 129

Satz: Petry & Schwamb, Emmendingen
Druck und Bindung: Graphicom, Italien
ISBN 3-89858-400-3

Inhalt

Teil II – Das Anti-Stress-Programm

Vorwort

Stress in der Familie – wo gibt es das nicht? Hektik, Ärger, Wut, Streit, Überforderung und Erschöpfung kommen in den besten Familien vor. Stressbedingte Zivilisationskrankheiten nehmen zu und belasten mehr und mehr auch die Familien.

Einer der größten Stressfaktoren für die Familie entsteht dadurch, dass es für die meisten heute existierenden Familienformen keine Vorbilder gibt, keine Modelle, an denen Eltern sich orientieren können.

Denn „Eltern" sind nicht zwangsläufig mehr der Zusammenschluss eines Vaters und einer Mutter, die gemeinsame Kinder haben. Die Beziehungen der Menschen untereinander sind immer seltener auf die Ewigkeit konzipiert.

Daraus ergeben sich zunehmend vielfältige Familienkonstellationen, in denen Kinder aufwachsen:

- mit beiden Eltern, sei es verheiratet oder unverheiratet
- mit (leiblichen) Geschwistern oder als Einzelkind
- mit einem Elternteil und vielleicht sporadischem Kontakt zum anderen Elternteil (der vielleicht in einer neuen Beziehung lebt, aus der eventuell auch andere Kinder hervorgegangen sind)
- mit einem Elternteil und einem Stiefelternteil, vielleicht mit sporadischem Kontakt zum anderen leiblichen Elternteil, vielleicht mit Stiefgeschwistern
- abwechselnd bei dem einen und dem anderen Elternteil, eventuell mit (Stief-)Geschwistern aus möglicherweise verschiedenen Konstellationen
- mit zeitweiser Unterbringung bei einer Tagesmutter oder bei Verwandten wegen der Berufstätigkeit der Eltern

- mit Pflege- oder Adoptiveltern, mit oder ohne Kontakt zu den leiblichen Eltern, vielleicht mit Geschwistern in der leiblichen oder in der Pflegefamilie
- eventuell in Haus- oder Haushaltsgemeinschaft mit mehreren Generationen

In den vorangegangenen Generationen sind uns diese Konstellationen nur begrenzt vorgelebt worden. Das Verhältnis der Geschlechter zueinander hat sich verändert, alte Rollenzuschreibungen sind nicht mehr uneingeschränkt gültig. Gleichzeitig wirken sie aber nach wie vor bis in unsere Zeit hinein. Diese Veränderungen zwingen die heutigen Familien, ihr Zusammenleben individuell neu zu definieren und sich neue Werte und Maßstäbe zu setzen. Dabei entstehen Unsicherheiten, und diese führen zu Stress. Dieser Stress wird in Zeiten allgemein zunehmender Schnelllebigkeit schnell zum Dauerstress und damit zur gesundheitlichen Belastung. Obendrein stört der Stress die Beziehungen zwischen den Familienmitgliedern und damit auch erheblich die Entwicklungsbedingungen der Kinder.

Deshalb ist es an der Zeit, den Stress in der Familie einmal genauer unter die Lupe zu nehmen und Eltern Hilfen an die Hand zu geben, mit denen der Stress in der Familie kontrollierbar gemacht werden kann.

Dieser Ratgeber will Ihnen dabei helfen, Ihr eigenes Stressverhalten besser in den Griff zu bekommen, damit Sie

- gesund bleiben,
- mehr Lebensfreude entwickeln,
- Ihren Kindern ein positives Vorbild sind und
- den Kindern von klein auf ermöglichen, einen konstruktiven Umgang mit Herausforderungen zu lernen.

Teil I

Theoretische Vorbemerkungen

1 Was ist Stress?

Stress kennt heutzutage eigentlich jeder. Jedenfalls benutzen viele Menschen diesen Begriff in ihrem alltäglichen Sprachgebrauch ganz selbstverständlich. Früher sagte man vielleicht: „Oh, mein Gott!“, heute heißt es eher: „Oh, was für ein Stress!“

Wenn wir uns so äußern, so ist das meist ein Ausdruck momentaner Überforderung, gepaart mit einem tiefen Seufzer, der augenblicklich für die notwendige Entspannung sorgt. Es ist dieser Moment, in dem wir wahrnehmen, dass eine Belastungsgrenze erreicht ist und wir eine Verschnaufpause brauchen: eine Entspannung, die jeder Anspannung folgen muss, wenn der Stress nicht zum Dauerstress werden soll.

Schauen wir uns zunächst einmal den Begriff an, mit dem wir es hier zu tun haben:

Stress

- ist abgeleitet vom Lateinischen „strictus“, was so viel heißt wie „stramm, straff, gespannt“;
- bedeutet im Englischen: „Anspannung, Belastung, Druck“;
- ist ein Begriff, der in dieser Weise erst seit den 50er Jahren des letzten Jahrhunderts benutzt wird;
- kommt ursprünglich aus der Physik und bezeichnet in der Materialforschung die Spannung, der ein Material ausgesetzt ist;
- wurde von Prof. Hans Selye auf den Menschen übertragen. Der berühmte Pionier der Stressforschung nannte Stress die unspezifische Reaktion des Körpers auf jede Anforderung, die an ihn gestellt wird;
- ist eine angeborene Reaktion, ein genetisches Programm, das uns in die Lage versetzt, auf konkrete Herausforderungen zu reagieren.

Ursprünglich, also vor tausenden von Jahren, verschaffte das automatisch einsetzende Stress-Programm dem Menschen Sicherheit im Umgang mit konkreten, äußeren Gefahren. Heute sind es sehr oft eher abstrakte Herausforderungen, die wir meistern müssen. Unsere (Stress-)Reaktion wird jeweils abhängig sein von unserem Alter, unserer Entwicklungsstufe und vor allem von unseren Fähigkeiten, die wir bezüglich der gestellten Aufgabe bereits entwickelt haben.

Was sind Stressoren?

Im Zusammenhang mit Stress ist häufig von *Stressoren* die Rede. Damit sind Stressauslöser gemeint, also Ereignisse oder Situationen, die das Stressgeschehen in Gang setzen. Es gibt einige Ereignisse im Leben, die als besonders starke Stressoren gewertet werden können, dazu gehören zum Beispiel:

- Tod des (Ehe-)Partners
- Trennung und Scheidung vom Partner
- Tod eines Kindes
- Tod eines anderen Angehörigen
- eigene Verletzung oder Krankheit
- Verlust des Arbeitsplatzes
- Erwartungsdruck / Mobbing am Arbeitsplatz
- Geburt eines Kindes
- sexuelle Schwierigkeiten
- finanzielle Probleme
- Heirat
- Wohnungswechsel
- Weihnachten
- Urlaub

Die hier genannte Reihenfolge entspricht ungefähr der Rangfolge des Ausmaßes, in dem das jeweilige Ereignis bei Menschen Stress auslöst. Aber trotzdem gilt, dass nicht ein und dieselbe Sache oder Situation für jeden Menschen in gleicher Weise als Stressor empfunden wird. Anders gesagt: In welcher Intensität und mit welchen Gefühlen der Einzelne auf einen bestimmten Stressor reagiert, hängt von seinen Erfahrungen, Fähigkeiten und vor allem von seinen persönlichen Stressbewältigungsmustern ab.

Man kann also nicht sagen, Weihnachten wäre grundsätzlich ein großer Stressor für eine Familie. Es gibt aber viele Mütter und Väter, die dieses Fest als erheblichen Stressauslöser empfinden.

Nicht ein Ereignis oder eine bestimmte Situation an sich ist ein Stressor, sondern die Tatsache, dass ich sie als Stressauslöser empfinde.

Wozu brauchen wir Stress?

Nur wenn unser Körper in der Lage ist, eine Stressreaktion aufzubauen, können wir eine Herausforderung angemessen meistern.

Stress erzeugt die Aufmerksamkeit und die Anspannung, die wir brauchen, um eine Aufgabe im Leben zu lösen. Stress bezeichnet also neben der muskulären Anspannung auch unsere geistige und seelische Aktivität, wenn wir uns mit einer Herausforderung auseinander setzen. Selbst für die einfachsten Bewegungen müssen wir eine gewisse Spannung in bestimmten Muskeln erzeugen und Körperteile und Gedanken koordinieren. „Ich setze mich auf den Stuhl" ist bereits eine Herausforderung, die mit Stress verbunden ist. Das Gehirn schüttet Hormone aus, die den Körper in die Lage versetzen, entsprechende Muskeln zu aktivieren und die Bewegungen zu koordinieren, die dafür sorgen, dass Sie sich ohne größere Zwischenfälle auf den Stuhl setzen. Wahrscheinlich wird der Stress, der durch diese Aufgabe entsteht, Sie nicht sonderlich belasten, denn Sie haben diese Tätigkeit hinreichend geübt. Das Gehirn hat ein Programm entwickelt, das von allein abgespult wird, wenn Sie vor diese Aufgabe gestellt sind.

Kämpfen oder fliehen? Für beide Reaktionen brauchen wir erhebliche Energien.

Stress bedeutet jedoch nicht nur das aktive Lösen einer Aufgabe, sondern unter Umständen auch die (bewusste oder unbewusste) Entscheidung, sich gerade *nicht* mit einer Aufgabe oder Situation zu beschäftigen. Die ursprüngliche Stressreaktion auf eine Gefahrensituation hieß „Flucht" oder „Kampf": Entweder nehme ich die Herausforderung an und kämpfe für eine konstruktive Lösung, oder ich mobilisiere alle Kräfte, die notwendig sind, um der Gefahr zu entfliehen. Zur Verdrängung und Vermeidung bestimmter Situationen brauchen wir ebenfalls eine gewisse Spannung, auch wenn wir gerade diese meistens nicht (bewusst) spüren und oft auch nicht den Zusammenhang zwischen der Verspannung und den Vermeidungen oder Verdrängungen herstellen.

Das heißt, wir brauchen den Stress, um:

- eine Aufgabe zu lösen;
- eine Herausforderung zu meistern;
- etwas zu lernen;
- uns anzustrengen;

- uns weiterzuentwickeln;
- flexibel zu bleiben;
- neue Stressbewältigungsstrategien zu lernen.

Und wir brauchen den Stress auch, wenn wir etwas vermeiden (wollen) oder verdrängen, womit wir uns zurzeit nicht beschäftigen können oder wollen.

Eustress und Disstress

Hans Selye, der Vater der Stressforschung, unterschied in „Eustress" und „Disstress".

„Eustress" ist der Stress, den wir als angenehm empfinden, wenn wir uns einer Aufgabe gewachsen fühlen. Er mobilisiert zusätzliche Leistungsreserven und schaltet alle Wahrnehmungen ab, die nicht zur Sache gehören. Er wird auch als kontrollierbarer Stress bezeichnet. In diesem Sinne ist Stress regelrecht ein Motor für Kreativität.

„Disstress" ist die Bezeichnung für den Stress, den wir als belastend empfinden. Er entsteht immer dann, wenn es eine Diskrepanz gibt zwischen den Anforderungen, die an uns gestellt werden, und unseren aktuellen Handlungsmöglichkeiten. In diesem Fall spricht man auch von unkontrollierbarem Stress. Diese Art von Stress ist ein Risikofaktor für die Gesundheit.

Stress an sich ist nicht schädlich. Es kommt immer darauf an, wie wir ihm begegenen können.

Wie wir nun eine Stresssituation empfinden, ob positiv oder negativ, hängt davon ab:

- ob wir uns den Anforderungen gewachsen fühlen;
- ob wir an den Aufgaben wachsen und unsere eigene Stärke spüren;
- wie das Gehirn die Anforderungen wertet, ob als Gefahr oder als positive Herausforderung.

Was passiert im Körper?

Wenn eine Aufgabe an uns herangetragen wird, dann beginnt unser Gehirn, ausgelöst durch die Ausschüttung bestimmter Stresshormone (Adrenalin und Noradrenalin), komplizierte Vorgänge im Körper auszulösen und Energien zu mobilisieren, die uns in die Lage versetzen, mit der Aufgabe fertig zu werden. Wenn wir uns der Aufgabe gewachsen fühlen, weil wir über ausreichend Erfahrung verfügen (also bereits das Know-how besitzen, wie wir mit dieser Aufgabe umgehen sollen, um zu einer Lösung zu gelangen), wird das hormonelle und physiologische Programm ablaufen, das wir aufgrund reichhaltiger Übung bereits fest installiert haben. Es geschieht einfach, ohne dass wir darüber nachdenken oder uns sehr darauf konzentrieren müssen. Sie kennen das: Heißt der Auftrag: „Stellen Sie die Tasse auf den Tisch", so werden Sie vermutlich nicht lange überlegen, sondern Sie verfügen über genügend Übung und Erfahrung, um diese Aufgabe „stressfrei" zu erledigen. Wenn Sie ein Kind im zweiten Lebenshalbjahr bei dieser Tätigkeit beobachten, sehen Sie, dass es eine erhebliche Konzentration aufwenden und jeden einzelnen Schritt mit dem nächsten koordinieren muss. Und es geschehen noch „Unfälle" bei dieser Tätigkeit, die zum Üben dazugehören, um ein optimales „Programm" dafür zu entwickeln, wie diese Aufgabe langfristig sicher und ohne zu überlegen ausgeführt werden kann.

Wenn eine Aufgabe an uns herangetragen wird, die für uns neu ist und die wir noch nicht geübt haben, für die wir also noch kein Programm haben, brauchen wir die volle Konzentration und wahrscheinlich auch andere Menschen, die uns helfen, diese Aufgabe zu lösen. Das Gehirn schüttet auch in diesem Fall die erforderlichen Hormone aus, die der Organismus braucht, um die Aktivität zu entwickeln, die für das Lösen dieser Aufgabe nötig ist. Aber es kennt noch keinen Weg, der für die Lösung dieser Aufgabe geeignet wäre. Die erste Reaktion auf eine solche scheinbar unlösbare Aufgabe ist zunächst einmal Angst: „Hilfe, ich habe kein Programm, mit dem ich diese Aufgabe lösen kann!" Zu dieser Situation gehören ganz spezifische körperliche Symptome: eine flachere Atmung, eine erhöhte Muskelspannung im Bereich des Beckens, insbesondere des Beckenbodens (den „Schiss" verhindern), eine Reduzierung der Stoffwechselfunktionen, ein höherer Blutdruck und eine erhöhte Pulsfrequenz. Man könnte auch sagen: Der Körper stellt sich auf die Flucht ein. Und auf der Flucht braucht er ausschließlich die Körperfunktionen, die ihn schnell weglaufen lassen. Entspannung und Müßiggang würden ihn nur aufhalten, Verdauungsaktivität würde nur Energien abziehen, die er nun für die Flucht braucht.

Der ganze Körper stellt sich auf die Stressaktivität ein.

Wenn diese Stressaktivität zu lange anhält und keinen Ausgleich findet, können sich die Körperzustände verfestigen und die betroffenen Organe erfüllen fortan nicht mehr ihre eigentliche Funktion. Stressforscher nennen diese Phase im Stressgeschehen auch die Widerstandsphase. Die Anspannung hält an, und wenn sie sich nicht durch die erfolgreiche Erledigung der anstehenden Aufgabe löst, dann führt sie irgendwann zur Erschöpfung. Durch diese Daueranspannung ausgelöste typische Stresssymptome sind zum Beispiel Herz-Kreislauf-Störungen, Muskelverspannungen, Atemnot, Verdauungsprobleme, psychische Störungen, Störungen des vegetativen Nervensystems oder des Immunsystems. Wenn Sie bereits unter diesen Symptomen leiden, ist es noch schwerer, die Kraft aufzubringen, auf weitere Herausforderungen zu reagieren und sie zu meistern. Denn es gilt: Verschiedene Stresssymptome gleichen sich nicht gegenseitig aus, sondern sie summieren sich und führen bei mangelndem Ausgleich zwangsläufig zur Erschöpfung.

Was passiert im Bewusstsein?

Die meisten Stressreaktionen geschehen zunächst unbewusst. Wenn wir uns der gestellten Aufgabe gewachsen fühlen, wenn wir uns damit auskennen und unser Gehirn eine Lösung anbieten kann, wird das Bewusstsein das Ergebnis positiv bewerten. In diesem Fall bleibt der Stress kontrollierbar, wir können unsere Aufgaben bewältigen, und in der Folge entstehen neues Selbstbewusstsein, Glücksgefühle und die Sicherheit, auch in Zukunft ähnliche Aufgaben problemlos lösen zu können.

Auch das Unbewusste ist erheblich am Stressgeschehen beteiligt.

Wenn wir uns mit der uns gestellten Aufgabe nicht auskennen, bekommen wir Angst. Ob die Angst als solche wahrgenommen wird, ist von der Situation und von dem einzelnen Menschen und seinen Stressbewältigungsstrategien abhängig. Manche Menschen können aufgrund ihrer Erziehung sehr gut wahrnehmen und auch äußern, dass sie Angst haben. Sie lernen im Laufe des Lebens, dass die Hilfe von anderen Menschen die Angst mindern oder sogar auflösen kann. Andere haben aufgrund einer „Indianer-kennt-keinen-Schmerz-Sozialisation" bereits jedes Angstgefühl verdrängt. Sie haben weniger die Erfahrung machen können, dass es die Angst ist, die sie in ihrer Handlungsfähigkeit einschränkt. Und sie haben folglich auch weniger gelernt, sich helfen zu lassen, wenn sie mit einer Aufgabe nicht mehr weiterwissen.

Die Frage ist also, wie Menschen mit ihrer Angst umgehen. Bei den meisten Menschen sind im Wesentlichen zwei Mechanismen im Bewusstsein als Reaktion auf die Angst zu beobachten:

1. Sie setzen sich selbst unter Druck, oder
2. sie finden einen Schuldigen in ihrer Umwelt,

oder (meistens) beides.

Zu 1. Sie setzen sich selbst unter Druck:

Viele Menschen setzen sich selbst unter Druck mit lange verinnerlichten Regeln, die wie ein Automatismus im Bewusstsein auftauchen. Sie haben die Formel: „Es muss (unbedingt) sein, dass… (ich das schaffe, dies oder jenes passiert, o. Ä.)." Oder umgekehrt: „Es darf nicht sein, dass… (ich das nicht schaffe, dies oder jenes passiert, o. Ä.)."

Solche Regeln können durchaus als sinnvolle Ziele im Leben verfolgt werden. Und solange wir in der Lage sind, etwas zu unternehmen, wenn die innere Regel verletzt ist, geraten wir auch nicht in unkontrollierbaren Stress. Wenn wir aber Angst bekommen, weil wir keine Lösungsmöglichkeit sehen, dann werden wir handlungsunfähig, sobald die innere Regel verletzt wird, oder reagieren der Situation unangemessen. Die Folge ist, dass wir die Aufgabe nicht oder nur unbefriedigend bewältigen.

Erinnern Sie sich einmal an eine Situation, in der Sie Stress empfunden haben.

Vielleicht als Ihr Kind sich im Supermarkt schreiend auf den Boden schmiss, weil es nicht bekam, was es haben wollte. (Wahrscheinlich haben Sie eine verinnerlichte Regel, dass das Kind sich in der Öffentlichkeit nicht danebenbenehmen soll.)

- Was ging in Ihnen vor?
- Wie haben Sie sich gefühlt?
- Wie haben Sie schließlich reagiert?
- Welche Regeln und Ziele haben Sie dabei verfolgt?

Selbstbeobachtung ist der erste Schritt für eine positive Stressbewältigung.

Wenn während einer solchen Stresssituation in Ihnen etwa vorgeht: „Hilfe, das Kind benimmt sich daneben! Das darf nicht sein! Was mache ich bloß?", werden Sie wenig „cool" wirken. Das gesamte Programm negativer Stressreaktionen wird in Ihnen ablaufen. Sie werden vermutlich wenig erfolgreich auf das Kind einwirken und so schnell wie möglich hochrot den Laden verlassen. Wahrscheinlich machen Sie dann anschließend dem Kind noch Vorhaltungen, wie böse es sei, und drohen Strafen an (die schließlich womöglich gar nicht verhängt werden?). Alle Beteiligten werden eher unglücklich an die Situation zurückdenken.

Wenn Sie diese Situation zum wiederholten Male erleben, mit Freunden und Fachleuten darüber gesprochen haben, Sie also schon gut vorbereitet sind, geht in Ihnen vielleicht Folgendes vor: „Aha, das Kind benimmt sich (mal wieder) daneben. Das will ich ihm nicht durchgehen lassen. Deshalb werde ich ihm ruhig und bestimmt sagen, dass ich meine Einkäufe erledige und wir dann baldmöglichst den Laden verlassen." Weil vermutlich die Leute schon gucken, tuscheln oder sich einmischen, werden Sie auf Ihre Körperfunktionen achten, den Atem bewusst ruhig halten und gezielt Ihr geübtes Programm ablaufen lassen. Sie haben gelernt, eine Lösung für die Situation zu finden, und bleiben handlungsfähig, auch wenn die innere Regel („Das Kind soll sich nicht schlecht benehmen.") verletzt ist. Natürlich bleibt eine solche Situation für die meisten Menschen eine Höchstleistung in puncto Stressbewältigung, aber entscheidend ist, wie zunächst Ihr Bewusstsein auf den Stress reagiert und wie es die Situation bewertet, denn davon ist abhängig, wie Sie den Stress bewältigen.

Zu 2. Sie finden einen Schuldigen in Ihrer Umwelt:
Wenn wir vor einer (scheinbar) unlösbaren Aufgabe stehen, reagieren wir oft auch mit Schuldzuweisungen und Vorwürfen gegen andere. Irgendeine Rechtfertigung fällt uns schnell ein, wenn wir uns überfordert fühlen: „Du bist schuld!", sagen Sie vielleicht zu ihrem Partner, „Die Werbung oder das Angebot im Supermarkt ist schuld, dass das Kind sich jetzt so danebenbenehmen muss!" oder „Jetzt macht er schon den Kevin in der Kindergruppe nach!"...

Es wirkt zunächst erleichternd, anderen die Schuld zu geben, wenn wir den Stress nicht ertragen. So versucht das Bewusstsein (meistens unbewusst), sich aus der Verantwortung zu stehlen. Es ist ein unbewusster Mechanismus der Überforderung, wenn wir, statt zu überlegen, wie wir angemessen mit einer schwierigen Situation umgehen können, einen anderen Schuldigen finden. Das lässt uns glauben, wir könnten gar nichts an dem Stress ändern und müssten ihn einfach erleiden.

Schuldzuweisungen helfen niemals weiter. Sie sind nur der hilflose Versuch, die Verantwortung loszuwerden. Damit versagen Sie sich neue Stressbewältigungserfahrungen.

In Wirklichkeit tun wir uns damit keinen Gefallen, sondern betrügen nur uns selbst, denn die Stresssymptome erleiden wir trotzdem. Vor allem können wir unseren eigenen Stress nicht kontrollieren, solange wir uns von (der Schuld der) anderen abhängig machen.

Auswirkungen auf das Lebensgefühl

Das persönliche Stressniveau hat unmittelbare Auswirkungen auf unser gesamtes Lebensgefühl. Denn wir wissen, dass ein Übermaß an belastendem Stress zu gesundheitlichen Einschränkungen führen kann und damit das Lebensgefühl negativ beeinflusst.

Aus einer Überlastung heraus ist es oft unmöglich, einen Ansatz zu finden, dem Stress zu entfliehen. Manche Menschen versuchen, den einen Stress mit dem nächsten zu kompensieren. Das kann jedoch nicht funktionieren, denn Stress in verschiedenen Bereichen löst sich nicht gegenseitig auf, sondern, Sie wissen es bereits, er addiert sich. Wer also in verschiedenen Lebensbereichen mit (scheinbar) unlösbaren Aufgaben konfrontiert ist, der wird mit der Zeit immer weniger Energie aufbringen können, sich den alltäglichen Herausforderungen zu stellen. Wenn es keine Möglichkeit mehr gibt, sich einen Ausgleich zu verschaffen, und niemand hilft, die Schwierigkeiten zu meistern, dann werden selbst die leichtesten Aufgaben zu schweren Stressmomenten. Das fortgeschrittene Stadium dieser Stresserkrankung nennt man „Burn-out".

„Burn-out"

„Burn-out" ist heute eine schon gängig gewordene Bezeichnung für das Ausgebranntsein nach zu hoher negativer Stressbelastung. Es gibt bestimmte Berufsgruppen, die besonders davon betroffen sind: Lehrer, Sozialarbeiter und Manager gehören dazu. Aber auch unter Eltern, insbesondere bei Müttern, findet man nicht selten Zustände von „Burn-out".

Die Entwicklung zum „Burn-out“ vollzieht sich in drei Phasen:

„Angezündet“ macht sich bemerkbar durch:	**„Entflammt“** macht sich bemerkbar durch:	**„Ausgebrannt“ = „Burn-out“** macht sich bemerkbar durch:
– „Hamster im Rad“, nicht abschalten können – eigene Grenzen nicht mehr wahrnehmen – keine Verantwortung abgeben – hoher Anspruch an eigene Fähigkeiten und Ergebnisse – hoher Anspruch an andere	– Soll-Erfüllung wird als unmöglich angesehen – körperliche Probleme, zum Beispiel: – Muskelverspannungen – Muskelzittern, Ticks – Krampfneigung – Rücken- / Kopfschmerzen – Herz-Kreislauf-Beschwerden – Magen-Darm-Probleme – Hautveränderungen – Atembeschwerden – Chronische Müdigkeit – Schlafstörungen – Konzentrationsstörungen – emotionale Probleme, zum Beispiel: – Aggressionsbereitschaft – Angst – Gefühlsschwankungen – Nervosität – Gereiztheit	– Antriebslosigkeit – Ausweglosigkeit – Desillusion – Depression – Suizidgefahr – keine Belastbarkeit – körperliche Symptome – Suchtverhalten – Lebensangst

Um ein Ausgebranntsein von vornherein zu vermeiden, ist es wichtig, auf unangenehmen Stress möglichst frühzeitig und wirksam zu reagieren.

Gegenpol zum Stress: Entspannung und Loslassen

Um langfristig im Gleichgewicht zu bleiben, brauchen wir immer wieder die Entspannung und das Loslassen als den Gegenpol zum Stress. Nur dann bleiben die Spannungen, die wir in Stresssituationen aufbauen, lebendig und helfen uns, tatsächlich zu unserem Ziel zu gelangen. Wenn die Anspannung zur Dauerspannung wird, verhärten oder verkrampfen sich die Muskeln, beginnen zu schmerzen und können langfristig ihre eigentliche Funktion nicht mehr erfüllen. Nur lebendige Muskeln, die sich hin und wieder einmal ausruhen können, sind in der Anspannung auch wirklich leistungsfähig.

Das ganze Leben spielt sich ab als Pendeln zwischen den Polen der Gegensätze:

Geburt	Tod
Liebe	Hass
Freude	Trauer
Tag	Nacht
Einatmen	Ausatmen
Geben	Nehmen
Geselligkeit	Einsamkeit
Leistung	Erholung
Spannung	Entspannung
Stress	Müßiggang

Die Liste lässt sich beliebig verlängern, aber diese Begriffe genügen, um zu verstehen, dass es das eine nicht ohne das andere gibt. Wer sich immer nur in der Mitte des Pendels befindet, bewegt sich nicht, erlebt nichts, lernt wahrscheinlich auch nicht mehr viel Neues. Und je größer der Ausschlag des Pendels ist, desto spannender die Erfahrungen, die zwischen dem einen und dem anderen Pol liegen. Denken Sie nur einmal an Ihr Kind auf der Schaukel oder an Ihre eigenen Gefühle auf der Schaukel. Schaukeln macht froh, fördert immer wieder den inneren Ausgleich, braucht beide Umkehrpunkte, und je höher Sie schaukeln, desto mulmiger wird Ihnen vielleicht.

Mit dem Stress ist es wie beim Schaukeln: Manch einer schaukelt gern hoch und juchzt bei diesem Gefühl im Bauch, andere sind schnell verunsichert, wenn die Schaukel zu hoch schwingt.

Das Schaukeln funktioniert nur, wenn die Schwingung in beiden Richtungen gleich ausschlägt.

In jedem Fall müssen Sie herausfinden,

- wie hoch Sie schaukeln wollen oder mögen;
- bei welcher Schwingung Sie sich am wohlsten fühlen und auch,
- wann es mal Zeit ist, von der Schaukel zu steigen und etwas ganz anderes zu tun.

Kinder und Stress

Es ist gut, wenn Kinder von klein auf einen konstruktiven Umgang mit Stress lernen, denn das ist die Grundvoraussetzung dafür, sich immer wieder neuen Situationen im Leben erfolgreich stellen zu können.

Auch Kinder kennen Stress, und zwar in zweierlei Hinsicht: Zum einen geraten sie selbst in Stress, wenn sie Herausforderungen zu meistern haben; zum anderen erleben sie ständig den Stress und das Stressverhalten der Eltern und sind gewissermaßen davon abhängig. Die Eltern sind ihr Vorbild, sind die Personen, von denen Kinder in erster Linie ihre Orientierung bekommen. Sind Eltern permanent gestresst und überfordert, so lernen Kinder, dass Stress nur als etwas Unangenehmes zum Leben dazugehört. Und sie lernen vermutlich, dass sie keine Chance haben, den Stress kontrollierbar zu halten.

Können Eltern ihren Kindern vermitteln, dass das Leben nicht immer nur ein Zuckerlecken ist, sondern dass manchmal auch Anstrengung erforderlich ist, dann werden auch die Kinder belastbarer. Wenn sie lernen, dass man sich anstrengen muss, um etwas zu erreichen oder zu lernen, und anschließend dafür mit Erfolg und Lebensfreude belohnt wird, dann ist das die beste Vorbereitung auf eine konstruktive Stressbewältigung im Erwachsenenalter. Dazu brauchen die Kinder einerseits die Möglichkeit, diese Erfahrung im Kindesalter immer wieder selbst machen zu können und so von klein auf ihr eigenes Stressverhalten zu trainieren. Andererseits brauchen sie das gute Vorbild der Eltern, die ihrerseits ein konstruktives Stressverhalten täglich vorleben.

Voraussetzung für eine konstruktive Stressbewältigung ist, Kindern die Möglichkeit zu geben, Dinge selbst zu tun, die sie schon allein können, und ihnen zu helfen, wenn sie Hilfe brauchen.

Entscheidend für die Stressbewältigung sind bereits die Erfahrungen, die wir in frühster Säuglingszeit machen. In dieser Zeit findet eine entscheidende Prägung für unser späteres Stressverhalten statt. Erlebt ein Kind, dass es seine Bedürfnisse befriedigen kann, wird es das Vertrauen entwickeln, auch für schwierigere Situationen eine Lösung zu finden. Am wichtigsten ist die Erfahrung, dass jemand da ist, der dem Kind weiterhilft, wenn es selbst keine Lösung mehr sieht. Wenn es die Erfahrung macht, in hilflosen Situationen allein gelassen zu sein, führt dies zu der Erkenntnis, dass Stresssituationen aussichtslos sind. Es entsteht Resignation, und das Kind (und der spätere Erwachsene) hat nicht die Möglichkeit gehabt zu lernen, sich um Hilfe zu bemühen, wenn es notwendig ist.

Kinder brauchen verschiedene Ansprechpartner, um Hilfe zu bekommen, wenn sie selbst nicht weiterwissen.

Natürlich sind wir als Menschen begrenzt und nicht perfekt in unserem Verhalten. Manchmal ist es schwierig zu erkennen, worum es in einer Situation überhaupt geht. Manchmal können wir einem Kind nicht helfen, weil wir selbst nicht beherrschen, womit das Kind sich gerade beschäftigt. Und manchmal haben wir einfach keine Zeit und keine Kraft (mehr), dem Kind bei seiner aktuellen Herausforderung zu helfen. Deshalb ist es günstig, wenn Sie Ihren Kindern den (regelmäßigen) Austausch mit anderen Menschen ermöglichen. Dabei lernen die Kinder nicht nur andere Menschen kennen, sondern sie können auch andere Methoden der Stressbewältigung beobachten, die ihnen in Situationen weiterhelfen, in denen Sie als Eltern nicht kompetent sind. Dadurch erweitern die Kinder enorm ihre Verhaltensmöglichkeiten, in welchen Lebenssituationen auch immer.

Außerdem erleichtern Sie sich selbst das Leben, weil sich Ihre Kinder in Situationen, in denen Sie auch nicht weiterwissen, an andere kompetente Menschen wenden und dort Hilfe finden können.

2 In welcher Form tritt Stress in der Familie auf?

Stress ist nicht nur eine Erscheinung in der Berufs- und Arbeitswelt, sondern auch innerhalb der Familie tritt – wie wir bereits gesehen haben – Stress in vielfältigen Formen auf. Jedes Familienmitglied hat eigene Bedürfnisse, Wünsche, Ansprüche, Prioritäten, denen in der Familie nicht immer hundertprozentig entsprochen werden kann. Das macht einerseits Kompromisse notwendig und löst andererseits bei den einzelnen Familienmitgliedern auch Stress aus.

Stressauslöser bei Vätern sind oft andere als bei Müttern. Ganz eigene Stressfaktoren erleben allein erziehende Eltern. Und aus der Sicht der Kinder sieht Stress wieder ganz anders aus.

Wenn ich im Folgenden die Stressauslöser der einzelnen Familienmitglieder näher beschreibe, so geht dies nicht ohne ein gewisses Maß an Pauschalisierungen. Jeder Mensch ist einzigartig, gerade auch in seinem Umgang mit Stresssituationen. Aber es gibt einen gewissen Zusammenhang von Stressempfinden und der jeweiligen Rolle, die jemand in der Familie spielt. Insofern beschreibe ich typische Stresssituationen für die einzelne Rolle, wobei stellenweise vereinfacht, verallgemeinert oder auch etwas überzogen wird, um das Problem deutlich zu machen. Nicht jeder wird sich in allen Beispielen gleichzeitig wiederfinden. Über die hier dargestellten Stressfaktoren hinaus gibt es noch weitere, die dann vielleicht mit Ihrer individuellen Situation korrespondieren. Ich habe mich hier auf die Stressauslöser konzentriert, die im Familienalltag besonders typisch sind.

Außerdem habe ich mich an der nach wie vor traditionellen Rollenaufteilung orientiert, bei der der Vater der Hauptverdiener ist. In den Familien, in denen eine andere Rollenverteilung gelebt wird, kommt erschwerend hinzu, dass es aus der Vergangenheit keine Vorbilder für diese neuen Familienmodelle gibt. Weil dies zuweilen zu Verunsicherungen führt, kann auch die Rollenverteilung selbst ein Stressfaktor sein.

Bevor ich auf spezifische Stressfaktoren eingehe, stelle ich diejenigen Stressfaktoren dar, die für alle Eltern gelten, also für Mütter und Väter gleichermaßen. Dabei ist es unerheblich, ob sie gemeinsam oder allein erziehend sind.

Stressfaktor „Ärger, Wut, Hilflosigkeit, Angst"

„Der ewige Ärger raubt mir den letzten Nerv!"

Ärger, Wut, Hilflosigkeit und Angst sind Gefühle, die uns erheblich in Stress versetzen. Gleichzeitig sind sie aber auch Auslöser von Stress. Deshalb entsteht oft ein Stress-Teufelskreis, wenn wir solche Gefühle haben:

Den Satz „Ich ärgere mich" können Sie durch „Ich bin wütend", „Ich bin hilflos" oder „Ich habe Angst" ersetzen. Solange Sie nicht erkennen, dass Sie sich in diesem Teufelskreis befinden, wird es schwer sein, dem Stress zu entfliehen. Weil diese Gefühle im Familienalltag unvermeidlich immer mal wieder auftauchen, müssen Sie auch mit dem Stress rechnen, den diese Gefühle erzeugen. Deshalb ist es wichtig, dass Sie lernen, mit diesen Gefühlen konstruktiv umzugehen.

Stressfaktor „Konflikte, Meinungsverschiedenheiten, Streit"

Unterschiedliche Einstellungen in Bezug auf Erziehung und auf das Familienleben, gegenseitige Enttäuschungen und (allgemeine) Überforderung können in einer Familie für erheblichen Sprengstoff sorgen. Nur wenige Menschen haben gelernt, konstruktiv und offen mit Konflikten und Meinungsverschiedenheiten umzugehen. Für viele sind sie mit Angst verbunden: Angst vor Unterlegenheit, vor Machtverlust, vor Schuld und vor dem Verlust von Anerkennung. Insofern werden Streit und Meinungsverschiedenheiten von vielen Menschen als schwierige Herausforderung erlebt und damit zu einem erheblichen Stressfaktor. Alle Energien, die durch die äußeren und inneren Kämpfe der einzelnen Familienmitglieder für die anstrengenden Auseinandersetzungen gebunden werden, können nicht mehr für andere Bereiche eingesetzt werden. So bleiben wichtige Dinge auf der Strecke, oft genau das, worum es eigentlich geht. Die Unzufriedenheit wächst, und der Teufelskreis ist perfekt: „Weil wir so viel streiten, schaffe ich den Haushalt nicht mehr." →

„Der ewige Streit macht mich fertig!“

„Weil ich den Haushalt nicht schaffe, streiten wir andauernd.“ oder „Weil wir so viel streiten, kann ich mich gar nicht mehr so um die Kinder kümmern, wie sie es eigentlich bräuchten.“→ „Weil ich mich nicht angemessen um die Kinder kümmere, geraten wir immer wieder in Streit.“ Und so weiter.

Stressfaktor „unterschiedliche Bedürfnisse und Rhythmen“

„Immer sind die anderen zuerst dran mit ihren Wünschen und Bedürfnissen!“

Wenn einzelne Familienmitglieder immer wieder daran gehindert werden, ihre Bedürfnisse zu befriedigen, dann kann es erhebliche Stresssituationen geben. Sie finden nicht den notwendigen Ausgleich, weil die Bedürfnisse anderer Familienmitglieder dies nicht zulassen.

Zum Beispiel, wenn:

- ein Vater im Schichtdienst tagsüber nicht seinen nötigen Schlaf findet
- ein Kind immer wieder woanders schlafen muss, weil die Eltern arbeiten oder Termine haben
- ein Kind keinen ruhigen Platz für Hausaufgaben hat, weil die Wohnung zu klein ist
- die Eltern keine Zeit mehr füreinander finden, weil immer die Kinder mit ihren Bedürfnissen im Vordergrund stehen etc.

Dann muss irgend jemand immer zurückstecken, was Stress auf Dauer unvermeidbar macht.

Stressfaktor „Zukunftsangst“

„Wie soll es in Zukunft bloß weiter gehen?“

In Anbetracht finanzieller Schwierigkeiten haben viele Eltern Zukunftsängste, wissen nicht, wie sie und ihre Familie langfristig (wieder) auf einen grünen Zweig kommen sollen. Arbeitslosigkeit, Schulden, familiäre Probleme – die aktuelle Situation ist manchmal so verfahren, dass kein Ausweg zu sehen ist. Und aus der Hoffnungs- und Mittellosigkeit heraus können sie nur wenig Energie entwickeln, um die Situation tatkräftig zu verändern. Das führt zu einem Stress-Teufelskreis: kein Geld → Hoffnungslosigkeit → keine Möglichkeit für positive Veränderung → keine oder schlechte Arbeit → kein Geld usw.

Für manche Eltern sind die aktuelle Welt-Politik oder die Klima-Katastrophe ein Stressfaktor, weil sie die materiellen Grundlagen für die kommenden Generationen in Gefahr sehen. Insbesondere die Ohnmacht, allein nur wenig in der Welt bewirken zu können, kann zu Stresserscheinungen führen.

„Die Welt bietet den Kindern sowieso keine Chance mehr!“

Stressfaktor „Lebenskrisen“

Ein weiterer Stressfaktor vieler Eltern ist eine eigene Lebenskrise. Familienplanung, Familiengründung, erste Jahre in der Familie, wenn sich alles soweit „eingeschliffen“ hat – wenn die Kinder „aus dem gröbsten heraus“ sind, kommen sie selbst wieder einmal zum Nachdenken. Sie sind dann meist in einem Alter, in dem der Sinn des eigenen Lebens zum Thema wird und in dem sie sich vor der grundlegenden Entscheidung sehen, was sie für den Rest ihres Lebens noch machen wollen. „Midlifecrisis“ wird diese Phase im Volksmund genannt, die manchmal von schwerwiegenden Verunsicherungen begleitet wird. „War das alles richtig, womit ich mich bisher in meinem Leben beschäftigt habe? Was hat es mir gebracht? Was will und soll ich noch erreichen? Wer bin ich eigentlich und was soll ich auf dieser Welt? Was will und muss ich noch für meine Kinder tun?“

„Ich habe mit mir selbst Probleme genug, deshalb sind mir die Familienprobleme erst recht zu viel!“

Solche Fragen stellen sich Eltern in dieser Lebenskrise und werden in diesem Zusammenhang auch von Selbstzweifeln geplagt. Innerlich sind sie damit fern aller Probleme, die sich im Familienalltag stellen.

Andere Lebenskrisen können durch Verlusterfahrungen entstehen: Verlust des Arbeitsplatzes, Verlust von Hab und Gut oder Verlust von geliebten Menschen. Lebenskrisen sind immer von schwerwiegenden Zweifeln begleitet. Und Zweifel sind Leistungskiller, lassen uns nur sehr eingeschränkt Entscheidungen treffen, und wer sich nicht entscheiden kann, was er will, wird zunehmend jede kleine Aufgabe als unlösbare Herausforderung empfinden. Das ist eine typische Stressreaktion in einer Lebenskrise.

Stress bei Vätern

Stressfaktor „Geld verdienen“

„Immer muss ich (nur) Geld verdienen.“

In den meisten Familien ist es nach wie vor der Vater, der das Geld verdient, der also einer Berufstätigkeit außer Haus nachgeht, um die Familie zu ernähren. (Wenn dies in einer Familie die Mutter ist, dann gilt dieser Stressfaktor für sie natürlich entsprechend.) Damit steht er unter einem enormen Druck, sich in seinem Job zu behaupten, seinen Arbeitsplatz zu sichern und regelmäßig „genügend“ Geld für den Familienunterhalt zu erwirtschaften. Dabei legt er vielleicht gar nicht selbst fest, was jeweils unter „genügend Geld“ zu verstehen ist, sondern ist womöglich von den Ansprüchen und Bedürfnissen der anderen Familienmitglieder abhängig. Außer der eigenen Familie setzen hier vielleicht Eltern, Geschwister, Freunde, Nachbarn oder ein besonderes Bedürfnis nach Luxus Maßstäbe. Für viele Väter ist dies ein erheblicher Stressfaktor.

Stressfaktor „finanzielle Probleme“

Manch ein Vater muss einen Großteil seiner Einkünfte sofort für Unterhalt oder andere Verbindlichkeiten ausgeben, bevor er selbst (oder seine aktuelle Familie) von seinem Geld profitiert. Viele Familien schieben einen erheblichen Schuldenberg vor sich her, verursacht durch Unterhalt für Familienmitglieder aus früheren Familien, durch Abzahlungen für Hypotheken-Darlehen oder andere Kredite, die regelmäßig bedient werden müssen. In nicht wenigen Familien führt dies dazu, dass sie nicht mehr genügend Geld für den täglichen Bedarf haben. So erklärt es sich zum Beispiel, dass Kinder als das Armutsrisiko Nummer eins in Deutschland gelten, denn Familien mit Kindern sind am häufigsten von Armut betroffen, und das Armutsrisiko steigt proportional mit der Anzahl der Kinder. Solche Sorgen führen nicht selten zu erheblichen Stressreaktionen wie Schlaflosigkeit, allgemeine Erschöpfung, Angstzustände und vegetative Störungen.

„Wie soll ich das alles bloß bezahlen?"

Stressfaktor „Doppelbelastung Familie und Beruf"

Ein anderer erheblicher Stressfaktor für Väter ist ihr Stress im Job. Wer bei der Arbeit über sein Maß beansprucht wird, ständig unter beruflicher Überforderung leidet, gemobbt wird oder Angst um seinen Arbeitsplatz haben muss, der bräuchte zu Hause einen starken Ausgleich, um den alltäglichen Anforderungen gewachsen zu bleiben. Er bräuchte jemanden, mit dem er über die Erlebnisse bei der Arbeit reden könnte, der zuhört und hilft, Lösungsmöglichkeiten zu erarbeiten, und ihm

„Ich habe schon genug Stress im Job! Könnt ihr mich zu Hause nicht einmal in Ruhe lassen!?"

zeigt, dass er trotz aller Schwierigkeiten ein wertvoller Mensch ist. Die alltägliche Realität sieht oft aber so aus, dass er schon beim Öffnen der Wohnungstür von einem Schwall familiärer Bedürfnisse unterschiedlichster Art überschüttet wird und gar keine Gelegenheit hat, von der Arbeit auf die Familie umzuschalten. Aus dieser Situation heraus kann er den „Überfall" nur als zusätzlichen Stress empfinden, der den aus dem Job noch verstärkt.

Stressfaktor „zu wenig Kontakt"

Wenn ein Vater berufsbedingt täglich lange außer Haus ist, bekommt er vieles nicht mit, was seine Frau und die Kinder beschäftigt. Oft fühlt er sich außen vor, hat den Eindruck, ein Fremder zu sein, wenn er nach Hause kommt. Die anderen sehen sich (zumindest länger) tagsüber, tauschen sich aus, haben dadurch vielleicht einen innigeren Kontakt miteinander und haben sich an bestimmte Abläufe gewöhnt. Besonders am Wochenende wird dieses Problem für viele Väter zum Stressfaktor, wenn der eigene Rhythmus auf den der Familie trifft. Es ist dann immer wieder schwer, sich auf gemeinsame Regeln für alle zu verständigen und den Kontakt zur Familie neu aufzubauen. Denn gleichzeitig erleben die Väter, wie selbstverständlich die anderen aufeinander eingespielt sind, und fühlen sich als „Störfaktor".

„Keine Ahnung, was (tagsüber) eigentlich in der Familie läuft."

Stressfaktor „Vorwürfe"

Wenn es in diesen Situationen wiederholt zu Problemen kommt, kann ein Vater schnell zum „Buhmann" der Familie werden. Die Tatsache, dass er die Abläufe in der Familie zu wenig kennt und die anderen sich durch seine Aktivitäten gestört fühlen, bringen Frau und Kinder oft in eine Vorwurfshaltung. Natürlich macht er Dinge anders als diejenigen, die den Haushalt, den Einkauf, die Kinderbetreuung und -versorgung sonst erledigen. Aber damit rechnen die anderen Familienmitglieder zunächst nicht. Allzu leicht passiert es dann in vielen Familien, dass der Vater dafür Vorwürfe erntet. Daraus entsteht Streit, der sicher nicht geeignet ist, den Stress abzubauen.

„Alles machst du falsch!"

Stressfaktor „unangenehme Erziehungsaufgaben"

Manchmal entwickelt sich die Familiendynamik dahingehend, dass die Mutter alltäglich alles allein regelt. Wenn es jedoch schwierig wird, sie überfordert ist, dann wird der Vater doch gefragt und darf wieder auf den Plan treten. Wenn unangenehme Dinge mit den Kindern geregelt

„Immer bin ich (nur) der Böse."

werden müssen, soll er sich darum kümmern. Dies kann dazu führen, dass manch ein Vater die Rolle des Bösen übernimmt, quasi als einzige Chance, überhaupt einen Kontakt zu den anderen Familienmitgliedern zu behalten. Kein Wunder, wenn er dann das Gefühl bekommt, er könne es sowieso niemandem recht machen. Oft sehen Väter in einer solchen Situation keine Chance, diese unglückliche Familiendynamik zu verändern, und erleben erheblichen Stress in dieser unseligen Vaterrolle.

Um den Stress kontrollierbar zu halten, brauchen Väter:

- einen Ausgleich zum Job;
- auch mal Ruhe und Frieden zu Hause;
- (manchmal) Feierabend;
- Anerkennung;
- Nähe zu Frau und Kindern;
- Akzeptanz, auch wenn sie die Familiengeschäfte auf ihre Weise erledigen und bewältigen;
- genügend Geld;
- Zeit für Hobbys und Freunde.

Stress bei Müttern

Grundsätzlich erleben Mütter ähnliche Stressfaktoren wie die Väter, insbesondere, wenn sie die Hauptverdienerinnen in der Familie sind. Wenn die Rollenverteilung allerdings vorsieht, dass die Mutter gar nicht oder nur teilweise berufstätig ist, dann erlebt sie den Stress aus ihrer Perspektive anders.

Stressfaktor „Alles allein machen müssen"

„Alles muss ich allein machen!"

Wenn der Vater der Hauptverdiener ist, bleibt oft die Hauptlast der Familienarbeit an der Mutter hängen. Nicht nur die Hausarbeit ist ihr Job, auch Kinderbetreuung, Erziehung und Kontakte der Familie nach außen belasten sie häufig in einer Weise, dass sie sich dem Alltagsgeschäft nicht mehr gewachsen fühlt. Die Tatsache, dass sie sich mit all dem überfordert und allein gelassen fühlt, führt nicht selten zu erheblichen Stressreaktionen wie allgemeiner Gereiztheit, Ungeduld, Erschöpfung und einer Neigung zu Infektionen oder sogar zu gravierenderen körperlichen Stresssymptomen. Je schlechter es der Mutter geht, desto weniger kann sie Kontakte nach außen für sich selbst aufbauen oder halten. So wird sie in jeder Hinsicht immer einsamer.

Stressfaktor „Arbeit für Andere"

„Alle zerren an mir, ich bin immer für alle da!"

„Nie habe ich Zeit für mich selbst!"

In einer solchen Situation ist es obendrein so, dass jede Beschäftigung der Mutter oft nur noch für andere und anderes ist: für die Kinder, für den Mann, für den Kindergarten oder die Schule, vielleicht ihre eigene Berufstätigkeit, für die Nachbarn, Freunde, Verwandte usw. Sie ist meist die Hauptbezugsperson für die Kinder, die andauernd ihre Aufmerksamkeit verlangen. Für sie selbst bleiben keine Zeit und kein Raum mehr, und so findet sie immer weniger Gelegenheit, einmal ganz in Ruhe auszuspannen und sich um sich selbst zu kümmern: um ihre Bedürfnisse, ihre Erholung und um ihre eigenen Interessen. Da ist es kein Wunder, wenn sie nachhaltig aus der Balance gerät.

Stressfaktor „Verantwortung"

„Immer habe alles ich zu verantworten!"

Wer viel tut, hat auch viel Verantwortung. Es ist also nicht nur die Arbeit an sich, die erledigt werden muss, sondern gleichzeitig immer auch die Verantwortung dafür, dass alles reibungslos über die Bühne geht. Solange alles gut klappt, ist das meist nicht weiter schwer. Wenn allerdings die Familie von Sorgen oder allgemeiner Überlastung geplagt ist, wird die Verantwortung schnell gleichbedeutend mit Schuld.

Wenn etwas nicht klappt, wenn die Kinder Probleme haben, wenn der Haushalt einfach nicht mehr zu bewältigen ist, fühlen sich Mütter sehr schnell dafür verantwortlich. Die Verantwortung lastet auf ihren Schultern und wird zunehmend untragbar. Die korrespondierenden Stresssymptome sind in dieser Situation deshalb oft Rücken-, Nacken- und Kopfschmerzen aufgrund der Muskelverhärtungen in diesen Körperregionen.

Stressfaktor „Doppelbelastung Familie und Beruf“

„Trotz Job trage ich die Hauptlast der Familienarbeit!“

Heute sind viele Mütter neben der Familie berufstätig. Sie haben eine Ausbildung, haben vor der Familiengründung oft mit Erfolg in ihrem Beruf selbstständig gearbeitet. Diese Fähigkeiten wollen sie nicht verkümmern lassen und arbeiten neben der Familie in einem bezahlten Job. Auch finanzielle Gründe spielen eine Rolle, und nicht selten arbeiten Frauen auch in einem Job, weil dies ein guter Ausgleich zu der oft mühsamen Sisyphus-Arbeit in der Familie ist. Trotzdem zeigt sich

nach wie vor in vielen Familien, dass die Hauptlast der Familienarbeit an der Mutter hängen bleibt. Sie hat also die Doppelbelastung Familie und Beruf, während der Vater als „Verdiener" meist von häuslichen Pflichten befreit ist. In Familien, in denen auch der Hauptverdiener sich an der Familienarbeit beteiligt, zeigt sich sehr deutlich, dass halbe Arbeit auch nur halber Stress ist. Notwendige Voraussetzung dafür ist die unbedingte Bereitschaft zur Zusammenarbeit.

Stressfaktor „Versagensgefühle"

Wenn alle Arbeit, alle Verantwortung und aller Familienstress auf der Mutter lastet, so ist ihre Überforderung vorprogrammiert. Aus der Überforderung heraus neigt sie dazu, nur noch die Dinge / Situationen / Ereignisse zu sehen, in denen sie glaubt versagt zu haben. Sie ist unsicher bezüglich der Erziehung der Kinder, der Führung des Haushalts, der Ernährung und überhaupt aller Fragen, die sich im Familienalltag stellen. Sie glaubt, nur noch Fehler zu machen, wertet sich selbst ab und verliert immer mehr an Selbstbewusstsein und an Selbstwertgefühl. Das ist eine schlechte Voraussetzung für konstruktive Lösungsstrategien. Und aus dieser Haltung heraus kann sie kein starkes Vorbild für die Kinder mehr sein.

Versagensgefühle sind immer erhebliche Stressauslöser, denn wir haben im Laufe unserer Sozialisation gelernt, dass es nicht sein darf, dass wir versagen. Viele Menschen versuchen also innerlich solche Gefühle zu vertuschen, und dieser innere Kampf ist ein sehr kraftraubendes Stressgeschehen.

„Wie ich es mache, mache ich es falsch!"

Stressfaktor „Perfektion"

„Ich will es doch nur richtig machen!"

Eigentlich hat sie nur ein Ziel: Sie will es perfekt machen. Überall hängt sie ihre Ansprüche so hoch, dass sie unerreichbar werden. Damit bestätigt sie sich unbewusst immer wieder ihre „Inkompetenz", das zu erreichen, was sie sich eigentlich vorgenommen hatte. Das Paradox von „Es muss perfekt laufen!" und „Es kann nicht perfekt laufen!" führt zu einem unerträglichen inneren Kampf, einem unkontrollierbaren Stress. Im menschlichen Miteinander kann es keine Perfektion geben, weil Gefühle im Spiel sind. Perfektion muss messbar sein, Gefühle aber sind individuell verschieden und haben immer ihre Berechtigung. Die einzige Chance, diesem Kampf zu entfliehen, ist, die Perfektion aufzugeben. Das bedeutet zu akzeptieren, dass „gut genug" auch wirklich gut genug ist.

Stressfaktor „Ratschläge"

„Die anderen sagen, dass ich schuld bin an der Misere!"

Aus den zahllosen Unsicherheiten heraus sind viele Mütter sehr empfänglich für die Ratschläge anderer Menschen. Wenn eine Mutter sich mit ihren Sorgen an Freunde, Verwandte oder Nachbarn wendet, so haben diese oft sehr schnell des Rätsels Lösung parat. Und meistens hört sie da heraus (wenn die Erklärungen nicht sowieso ganz direkt in diese Richtung gehen), dass sie selbst schuld an „der Misere" sei. Manche Zeitgenossen (in diesem Fall würde ich am liebsten „Zeitgenössinnen" sagen) geben auch ungefragt ihre Kommentare und Ratschläge und merken oft gar nicht, dass sie damit überhaupt nicht weiterhelfen, sondern oft nur sehr verletzen. Selbst wenn die „Hilfe" gut gemeint ist, so hat sie bei der überforderten Mutter leicht den umgekehrten Effekt: noch mehr Stress. An dieser Stelle ist es meist hilfreicher, sich Mütter mit den gleichen Problemen zu suchen oder professionelle Hilfe in Anspruch zu nehmen.

Stressfaktor „finanzielle Abhängigkeit"

„Ich habe kein eigenes Geld und darf nicht entscheiden, wofür wir das Geld ausgeben!"

Wenn die Mutter selbst nicht den Großteil des Familieneinkommens erwirtschaftet, ist sie finanziell oft von ihrem Mann abhängig. In vielen Familien ist es nach wie vor so, dass der Mann, wenn er das Geld verdient, es auch „zuteilt" und das Sagen darüber hat, wofür das Geld ausgegeben werden darf und wofür nicht. Hier kann es heftige Auseinandersetzungen geben, denn die Vorstellungen darüber, wofür die Familie das Geld vordringlich braucht, gehen bei Eltern nicht selten weit auseinander.

Wenn die finanziellen Mittel der Familie ohnehin knapp sind, sind gleich zwei Stressfaktoren im Spiel: die finanziellen Probleme selbst und die Abhängigkeit vom Partner. Dies auseinander zu halten, fällt manchmal besonders schwer. Die daraus resultierenden Auseinandersetzungen werden von vielen als erheblicher Stressfaktor erlebt.

Um den Stress kontrollierbar zu halten, brauchen Mütter:

- Anerkennung;
- die Überzeugung, dass *„gut genug"* gut genug ist;
- auch mal Ruhe und Frieden zu Hause;
- Zufriedenheit mit sich selbst;
- (manchmal) Feierabend;
- manchmal Ruhe vor Erziehungsproblemen;
- die Arbeit und die Verantwortung (mindestens mit ihrem Mann) zu teilen;
- Unterstützung in der alltäglichen Familienarbeit;
- Nähe zu Mann und Kindern;
- genügend Geld für den alltäglichen Bedarf der Familie;
- Zeit für Hobbys, Freunde und für sich selbst.

Stress bei allein Erziehenden / Stress in Ein-Eltern-Familien

Allein erziehende Elternteile haben es deshalb besonders schwer, weil sie oft keine Entlastungsmöglichkeiten haben. Sie müssen alles allein erledigen und können häufig auch die Verantwortung nicht teilen. Die Stressfaktoren, die für zusammen lebende Elternteile existieren, haben sie genauso. Obendrein kommen aber noch einige spezifische Stressfaktoren hinzu.

Stressfaktor „Trauer über den Tod des Partners“

In der Rangfolge der generell belastenden Ereignisse steht der Verlust des Partners oder der Partnerin an erster Stelle. Wenn ein Elternteil stirbt, dann ist das für den zurückbleibenden Elternteil und dessen Kinder der schwerste Stressfaktor, den es gibt. In dieser Situation braucht man sicherlich die Hilfe anderer, um die Alltagsgeschäfte aufrechtzuerhalten und um die Trauer zu verarbeiten.

„Wie sollen wir jemals über diesen Tod hinwegkommen?“

Stressfaktor „Kontakt mit dem Ex-Partner / der Ex-Partnerin"

„Jetzt haben wir uns getrennt und müssen trotzdem immer wieder etwas miteinander regeln!"

Eine Trennung vom Partner oder der Partnerin rangiert in der Liste der belastenden Ereignisse gleich an zweiter Stelle. Wenn Kinder da sind, kommt erschwerend hinzu, dass die Partner die Trennung in vielen Fällen gar nicht endgültig vollziehen können. Solange sie beide weiterhin für die Kinder sorgen, bleiben sie in Kontakt. Und dieser Kontakt gestaltet sich bei vielen Paaren sehr stressig. Sie haben sich getrennt, weil sie nicht mehr miteinander klarkommen, haben in vielen Fällen erhebliche Kommunikationsschwierigkeiten und eine Fülle von Verletzungen und Enttäuschungen miteinander erlebt, die bei jedem erneuten Kontakt wieder aufleben. Solange sie nicht lernen, in einer neuen Form miteinander zu kommunizieren und Lösungen für gemeinsame Entscheidungen zu finden, erleben viele getrennte Eltern den Kontakt zum früheren Partner als sehr belastend.

Stressfaktor „Doppelte Haushaltsführung für die Kinder"

„Jedes zweite Wochenende beim Vater, immer wieder kommen die Kinder durcheinander. Und wenn ich schon an den Montag Morgen denke!"

Eine besondere Belastung ist in diesem Zusammenhang, dass die Kinder nicht nur bei einem Elternteil zu Hause sind, sondern oft bei dem anderen Elternteil ein zweites Zuhause haben. Dort herrscht eine andere Atmosphäre, es gelten andere Regeln, und der Wechsel von einem Haushalt in den anderen verläuft vielleicht nicht immer ganz reibungslos. Alle Beteiligten müssen sich immer wieder neu auf die Situation einstellen, die Kinder auf die neue Umgebung, auf den anderen Elternteil, vielleicht auf dessen neue Familie. Und der zurückbleibende Elternteil erlebt schlagartig einen vollkommen anderen Tagesrhythmus, muss sich überlegen, was er / sie nun ohne die Kinder machen kann oder will. Das fällt nicht immer leicht, weil es eine Herausforderung ist, die normalerweise vorher im Leben nicht geübt werden konnte. Alle Beteiligten sind also – zumindest in der ersten Zeit – dabei, ein „neues Programm" für diese Herausforderung zu erarbeiten. Manch ein Kind hat es dabei besonders schwer, weil es sich vielleicht zwischen den Eltern zerrissen fühlt.

Stressfaktor „Versagensgefühle“

Viele allein Erziehende tragen Schuldgefühle wegen der gescheiterten Beziehung mit sich herum. Sie fühlen sich als Versager und sind nicht selten auch wütend auf sich selbst oder auf den Ex-Partner, darauf, dass sie es nicht geschafft haben, die Kinder gemeinsam großzuziehen. Im Alltag gibt es – oft aufgrund der Einsamkeit im „Familiengeschäft“ – nicht selten Anlässe, die dazu verleiten zu glauben, man wäre zu nichts in der Lage. Im Haushalt bleibt vielleicht viel liegen, der allein erziehende Elternteil hat keine Geduld für die „Prioritäten“ der Kinder, oder fühlt sich einfach nur erschöpft. Das innere Paradox von „Ich versage“ und „Ich darf nicht versagen!“ baut die Stresssituation auf, die dafür sorgt, die unerträgliche Erschöpfung nicht bewusst werden zu lassen.

„Ich bin ein(e) Versager(in)!“

„Es darf nicht sein, dass ich versage!“

Stressfaktor „Entscheidungen“

Im Alltag in der Familie muss täglich eine Vielzahl kleiner und großer Entscheidungen getroffen werden. Das fällt selbst zusammenlebenden Eltern schon oft schwer. Die allein Erziehenden müssen nicht nur alle Entscheidungen allein treffen, sondern auch die Ergebnisse allein „ausbaden“. Weder Freud noch Leid, Sorgen oder Angst können geteilt werden, und für (vermeintliche) Fehlentscheidungen gibt es niemanden, der tröstet, ausgleicht oder wieder gutmacht. Je mehr dabei das Gefühl der Überforderung entsteht, desto schwerer wird es, dem Stress zu entkommen.

„Alles muss ich allein entscheiden!“

Stressfaktor „Überforderung“

Die allein Erziehenden haben keine Nischen, keine Möglichkeit, sich einmal zurückzuziehen oder jemand anderem die Verantwortung zu übergeben. Sie haben quasi keine Möglichkeit, auch mal schwach zu sein, denn die Quittung folgt – zumindest bei kleinen Kindern – auf dem Fuße.

„Kinder, Haushalt, Job. Keine Zeit, keine Freunde, keine Entlastung. Wie soll das je ein Mensch schaffen?“

Zudem leben sie häufig in der Doppelbelastung Familie und Beruf oder in einer sozialen Abhängigkeit. Sie haben keine oder zu wenig Zeit und Freiräume, um Freundschaften zu pflegen. Diese Ansammlung multipler Stressfaktoren mündet nicht selten in allgemeine Überforderung mit Erschöpfungszuständen in der Folge.

Um den Stress kontrollierbar zu halten, brauchen allein Erziehende ganz besonders:

- Zeit für sich allein;
- Zeit zum Ausruhen;
- Zeit für Freunde;
- Kontakte zu anderen Familien, besonders auch zu Ein-Eltern-Familien;
- Kontakte zu Menschen, die immer wieder entlasten und bestärken (Freunde, Familie, Selbsthilfegruppen, eventuell psychologische Unterstützung).

Stress bei Kindern

Für Kinder muss das Thema „Stress" aus mehreren Perspektiven betrachtet werden. Da gibt es den Stress:

- den die Kinder selbst haben, wenn sie sich mit Herausforderungen konfrontiert sehen;
- den Eltern erleben, wenn sich das Kind anders verhält oder anders entwickelt, als sie sich das vorgestellt oder gewünscht haben;
- den Eltern mit sich selbst oder in ihrem Job haben, der einen Großteil der Energien raubt, die sie sonst vielleicht für eine behutsamere Begleitung des Kindes einsetzen könnten.

Die wesentlichen Stressfaktoren der Eltern sind weiter oben bereits genannt. Hier geht nun um den Stress, den Kinder erleben.

Stressfaktor „Entwicklung(sprobleme)"

Damit ein Kind in allen Lebensbereichen wächst und heranreift, muss es sich und seine Fähigkeiten entwickeln: motorische, seelische, kognitive Fähigkeiten und die Entwicklung der Sinne gehören dazu. Diese Entwicklung geht manchmal unter rasanten Veränderungen vonstatten, und es ist nicht immer leicht, diesen Veränderungen zu folgen. Wichtig ist, dass die Reihenfolge bestimmter Entwicklungsschritte eingehalten wird, weil viele Entwicklungen aufeinander aufbauen (zum Beispiel: Rollen, Vierfüßlerstand, Sitzen, Krabbeln, Aufrichten, Laufen). In jeder Entwicklungsphase trainiert das Kind nicht nur die motorischen „Neuerrungenschaften", sondern bildet gleichzeitig im Gehirn eine Vielzahl neuronaler Verschaltungen aus, die es ihm ermöglichen, später auch kognitive Fortschritte und Abstraktionen vorzunehmen (zum Beispiel Sprache, mathematische Operationen oder das Vermögen, sich in andere Menschen einzufühlen). Täglich strömt eine Vielzahl neuer Reize auf das Kind ein, und es ist bemüht, sich diesen Herausforderungen zu stellen. Vorausgesetzt ist natürlich immer, dass der Entwicklungsstand (des Gehirns) die Auseinandersetzung mit dem neuen Reiz schon erlaubt.

„Ich habe so viel zu lernen in diesem Leben, da weiß ich manchmal gar nicht, womit ich mich zuerst beschäftigen soll."

„So viel auf einmal, das verwirrt mich!"

Das Kind erlebt also eine Herausforderung und beginnt mithilfe seiner bereits ausgebildeten Fähigkeiten, die Aufgabe zu lösen. Es wiederholt und übt und gewinnt so immer mehr Sicherheit.

„Ich brauche Zeit zum üben! Dann kann ich auch sicherer werden!"

Nur leider ist die Welt ja nicht immer so eindimensional, dass es nicht auch Reize gibt, die von der eigentlich anstehenden Entwicklung oder Aufgabe ablenken. Das Reizangebot ist oft so groß, dass ein Kind überfordert sein kann, weil es (noch) nicht gelernt hat, sich auf das Wesentliche zu konzentrieren. Darüber hinaus gibt es Entwicklungsphasen, in denen ein neuer Schritt ansteht, den das Kind noch nicht bewältigt und darüber ärgerlich und ungeduldig wird. Solche Situationen können für das Kind enormen Stress bedeuten, denn das Gehirn versucht eine Aufgabe zu lösen, stellt jedoch fest, dass es (noch) nicht klappt. Es beginnt ein innerer Kampf zwischen Wunsch und Fähigkeit, der in einer (verärgerten) Erschöpfung endet.

„Ich kann das noch nicht. Ich brauche noch mehr Zeit und Ruhe, um mich zu entwickeln!"

Besonders schwierig wird es, wenn ein Kind der erwarteten Entwicklung „hinterherhinkt". Das Kind selbst spürt normalerweise nichts davon, es sei denn, es ist bereits in einem Alter, in dem es den direkten Vergleich zu Gleichaltrigen ziehen kann. Aber in den meisten Fällen sind es vorher schon die Eltern, die feststellen und dem Kind auf die eine oder andere Art signalisieren, dass in der Entwicklung etwas nicht in Ordnung ist. Die entscheidende Frage ist, in welcher Weise die Eltern dem Kind helfen, seine „Probleme" zu lösen. Können die Eltern das Kind aufmunternd unterstützen mit der Zuversicht, dass es seinen Weg schon finden wird, dann hat es gute Chancen, den damit verbundenen Stress unter Kontrolle zu bekommen. Erlebt es jedoch in solchen Phasen Demütigungen, sei es von Eltern, später vielleicht auch von anderen Kindern, Erziehern, Lehrern oder Ähnlichen, dann wird das Kind kaum konstruktive Möglichkeiten der Stressbewältigung entwickeln (können).

Stressfaktor „(Hohe) Leistungsanforderungen"

„Ich will aber ich selbst sein dürfen!"

Manche Eltern beginnen bereits vor der Geburt, viel von ihren Kindern zu erwarten. Insgeheim haben sie Träume von einem hübschen, starken, intelligenten, freundlichen und fleißigen Kind, und sind nicht selten von dem „Ergebnis“ enttäuscht. Die wenigsten Eltern geben solche Fantasien zu, oft gestehen sie sich diese nicht einmal selbst ein. Und trotzdem wirken solche Träume (unbewusst) weiter, wenn man sie sich nicht bewusst macht und zwischen Traum und Wirklichkeit zu unterscheiden lernt. Das äußert sich oft in übervollen Stundenplänen mit fördernden Maßnahmen: Babyturnen, Babyschwimmen, Babymassage, PEKiP, psychomotorisches Turnen, manchmal (prophylaktisch) therapeutische Maßnahmen usw.

„Dieses ganze Programm ist mir zu viel!“

„Ich will aber nicht Klavier üben! Ich will viel lieber Fußball spielen!"

Später geht es weiter mit Kinderturnen oder anderen Sportarten, musikalischer Früherziehung, Instrumentenunterricht, künstlerischer Früherziehung… und das alles neben dem normalen Kindergarten-Programm und später der Schule. Damit Sie mich nicht falsch verstehen: Ich bin nicht gegen solche Maßnahmen im Einzelnen! Es ist sehr gut für Kinder, ihnen frühstmöglich ein Maximum an vielseitigen Erfahrungen zu vermitteln. Aber die Art der Beschäftigung und das Maß müssen auf das einzelne Kind in einer Weise abgestimmt sein, dass es

„Ich kann zwar schon laufen, aber beim Krabbeln oder auf Mamas Arm fühle ich mich manchmal noch viel sicherer!"

sein „Programm" stressfrei erfüllen kann. Nur wenn ein Kind mit Freude an solchen Maßnahmen teilnimmt, wird es die erwünschten Erfolge und Entwicklungsvorteile daraus ziehen. Wenn es durch die Anforderungen überfordert wird, werden alle Energien in dem Stressgeschehen gebunden. Frustration und Widerstand werden die Folge sein, aber keine erstrebenswerten Lösungsstrategien. Beobachten Sie, wie Ihr Kind auf bestimmte Aktivitäten reagiert. Hat es Freude daran, wird es Ihnen keine Sorgen bereiten. Wenn Sie als Eltern jedoch über eine Anforderung an das Kind in Stress geraten, sollten Sie sich fragen, ob es vielleicht auch für das Kind zu viel ist.

Wenn das Kind in den Kindergarten und später in die Schule geht, treten von außen multiple Leistungsanforderungen an es heran. Ob es diese bewältigen kann, hängt entscheidend davon ab, welche Erfahrungen es im Vorschulalter mit Stresssituationen machen konnte. Hat es die Erfahrung gemacht, dass es mit schwierigen Situationen selbst fertig werden kann oder dass es Hilfe findet, wird es sich dieser Strategien erinnern und seine Stressbewätigungsstrategien weiter ausbauen können.

„Das soll ich alles lernen? Das schaffe ich nie!"

Stressfaktor „Ambivalenz"

Ambivalenz ist etwas, was alle Menschen kennen, und was die meisten Menschen nicht gerade als „Wohlfühlzustand" beschreiben würden. Es geht darum, sich entscheiden zu müssen, und solange ich mich nicht entscheide, schwanke ich ständig zwischen dem einen und dem anderen her, ohne dabei wirklich eine befriedigende Lösung zu finden. Bei Kindern treten immer wieder entwicklungsbedingte Ambivalenzen auf. Die meisten Entwicklungsschritte bahnen sich zwar schon langfristig an und vollziehen sich dann plötzlich sichtbar in Schüben. Wie über Nacht – kommt es uns vor – entwickelt das Kind neue Fähigkeiten und ist manchmal dadurch ein ganz neuer Mensch. Zunächst ist es selbst auch stolz über die Entwicklung, aber gleichzeitig auch beunruhigt, denn die neuen Fähigkeiten und Kenntnisse sind noch nicht geübt, es fühlt sich noch unsicher. So kommt es immer wieder zu Regressionen, bevor sich das Kind sicher und selbstverständlich so „erwachsen" benimmt, wie es seiner Entwicklung entspricht.

Es geht hier um die bei Kindern eigentlich ständig vorhandene Ambivalenz zwischen Abhängigkeit und Selbstständigkeit: Einerseits sind sie von den Eltern abhängig. Mit fortschreitender Entwicklung werden sie jedoch immer selbstständiger. Die Tatsache, dass sie entwicklungsbedingt ständig dabei sind, neue Verhaltensweisen zu üben, lässt sie manchmal schon „größer" erscheinen, als sie eigentlich sind. Und das ist oft der Moment, in dem Eltern oder andere Menschen mehr von ihnen erwarten, als die Kinder imstande sind, schon (sicher) leisten zu können. Diese Überforderung kann für das Kind sehr schnell ein unkontrollierbarer Stress werden.

Stressfaktor „Sozialer Druck in Kindergarten oder Schule"

„Hilfe, so viele fremde Gesichter! Und so viele neue Eindrücke! Das kenne ich alles nicht und weiß nicht, wie ich mich verhalten soll!"

Der Kindergarten ist für die meisten Kinder die erste Gelegenheit, allein (ohne die Mutter oder eine vertraute Person) Erfahrungen zu machen. Durch die neue Umgebung, die neue Gruppe, die neuen Bezugspersonen strömt eine Vielzahl neuer Eindrücke und damit auch neuer Herausforderungen auf die Kinder ein. Zu dem Zeitpunkt, zu dem die meisten Kinder in den Kindergarten kommen, beginnen sie, sich mit anderen zu vergleichen, sich mit ihnen zu messen. Das bedeutet, dass es nun nicht mehr nur darum geht, die eigenen Herausforderungen zu meistern, sondern auch darum, vor anderen und manchmal auch gegen andere zu bestehen. Hier sind also neue Qualitäten einzuüben, nämlich die Verhaltensweisen im sozialen Miteinander.

„Ich will jetzt ganz was anderes machen als das, was ich hier soll!"

Das Programm, das die Kinder dafür mitbringen, haben sie mit ihren Eltern eingeübt. Aber die Reaktionen der ErzieherInnen und der anderen Kinder können anders aussehen, als es das einzelne Kind von zu Hause gewohnt ist. So entstehen manchmal zunächst unkontrollierbare Stresssituationen. Um sie in den Griff zu bekommen und zu lösen, kommt es darauf an, dass das Kind Hilfe erhält und wie diese aussieht. Dann wird es auch für die neue Situation eine Lösung finden.

Eine weiterer Stressfaktor in Kindergarten oder Schule können Leistungsanforderungen sein. Dort soll das Kind Fertigkeiten oder Inhalte lernen, ob es gerade dazu bereit ist oder nicht. Es fällt Kindern manchmal schwer, sich auf das vorgegebene (Lern-)Tempo einzustellen oder auf Inhalte, die für es selbst momentan nicht wichtig sind. Der innere Kampf, der in solchen Situationen entsteht, ist eine erhebliche Stressaktivität.

Je mehr ein Kind in all den neuen schwierigen Situationen verständnisvoll begleitet wird, desto sicherer wird es nach und nach im Umgang mit anderen und ohne die Hilfe der Eltern.

Stressfaktor „Geschwisterrivalität"

Wenn in einer Familie mehrere Kinder leben, so geht dies nirgendwo ohne Rivalität ab. Immer wieder verteidigen die Kinder ihre Rangordnung, messen sich, handeln ihre Rollen in der Familie aus. Manchmal kann man durchaus beobachten, dass Geschwister sich untereinander helfen. Dann sind die Eltern froh über die Situation, und selbst die Kinder freuen sich, dass sie Geschwister haben, die ihnen helfen, die sich gegenseitig entlasten, die eine andere Beziehungsqualität anbieten als die Eltern.

„Ich hasse meinen Bruder manchmal, aber ich liebe ihn auch!"

Trotzdem gibt es auch Gefühle wie Neid, Eifersucht, Missgunst, Hass und Angst. Und da dies Gefühle sind, die eigentlich „nicht sein dürfen", geraten die Kinder immer wieder in Stress, weil sie diese Gefühle vertuschen wollen oder müssen. Die einzige Chance, diesen Stress aufzulösen, haben sie, wenn diese Gefühle in der Familie nicht tabuisiert werden. Wenn wir offen darüber sprechen, dass es manchmal auch so genannte „böse" Gefühle und Ideen in uns gibt, braucht das Kind kein schlechtes Gewissen zu haben. Es wird lernen, diesen Stress als solchen wahrzunehmen, und Möglichkeiten finden, damit umzugehen.

Stressfaktor „Familiäre Probleme"

Eine besonders schwierige Situation stellt sich für Kinder immer dann dar, wenn die Eltern aus dem inneren Gleichgewicht geraten. Kinder brauchen stabile Eltern, um ein sicheres Gefühl zu sich selbst und ihrer Umwelt zu entwickeln. Die Welt ist aber nicht so heil, wie wir sie uns wünschen, und so werden auch Kinder nicht vor familiären Problemen verschont.

Dazu gehören zum Beispiel:

- Trennung oder Scheidung der Eltern (dadurch leben die Kinder manchmal sogar in zwei Haushalten)
- Arbeitslosigkeit der Eltern
- (schwere) Krankheiten in der Familie
- Alkoholismus oder andere Suchterkrankungen
- finanzielle Probleme
- Heimatlosigkeit

„Mir hilft keiner, meine Eltern haben selbst genug Probleme!"

Durch solche Schwierigkeiten geraten Eltern selbst so sehr in Stress, dass sie ihren Kindern manchmal (vielleicht auch nur zeitweilig) keine verlässliche Orientierung mehr bieten können. Die Kinder sind in diesem Moment ihrem eigenen Stress hilflos ausgeliefert, ohne Aussicht auf die Hilfe oder Unterstützung der Eltern. Deshalb ist es wichtig, dass Eltern sich in solchen Momenten Hilfe suchen und dass es andere Erwachsene gibt, an die die Kinder sich wenden können, wenn sie nicht weiterwissen.

Grundsätzlich ist das Stressempfinden der Kinder davon abhängig, wie sehr sie sich von ihren Eltern angenommen, gefordert, gefördert und akzeptiert fühlen, egal, wie sie sich entwickeln oder wie sie sich verhalten. Natürlich sollen Eltern den Kindern auch realistische Rückmeldungen geben, sollen ihnen helfen, sich unter Einhaltung akzeptierter Regeln zu entwickeln. Dabei müssen Kinder hin und wieder auch in ihre Schranken zurückverwiesen oder (wieder) auf den richtigen Weg geschickt werden. Wenn aber Eltern ihren Kindern grundsätzlich moralisch vor Augen führen, wo / wann / wie sie „versagt“ haben, dann können sie nicht lernen, wie konstruktive Stressbewältigung glücken kann.

Kinder lernen mit Stress umzugehen, wenn sie:

- Fehler machen dürfen;
- Dinge wiederholen und üben dürfen;
- die Möglichkeit zu Erfolgserlebnissen haben;
- Hilfe bekommen, wenn sie allein nicht weiterkommen;
- geschätzt werden, so wie sie sind;
- nicht abgewertet werden.

Eltern können ihren Kindern beibringen, mit Stress umzugehen, indem sie:

- ihnen helfen, wenn die Kinder dies brauchen;
- sie immer wieder so nehmen, wie sie sind;
- ihnen keine Vorwürfe wegen „mangelndem“ Verhalten machen;
- sie immer wieder unterstützen, sich mit ihren Problemen auseinander zu setzen;

- ihnen zeigen, dass man an Herausforderungen lernen und wachsen kann;
- an sich selbst Stärken und Schwächen zulassen und sie den Kindern auch zeigen;
- sich selbst so viel wie möglich entlasten und damit selbst ein gutes Vorbild durch den eigenen Umgang mit Stress abgeben;
- den Kindern ermöglichen, nicht nur im Elternhaus, sondern auch woanders und von anderen Menschen zu lernen.

So werden die Kinder nach und nach ihre Stärken verlässlich ausbilden. Gleichzeitig lernen sie erfolgreiche Stressbewältigungsstrategien.

Um den Stress kontrollierbar zu halten, brauchen Kinder:

- Anerkennung;
- Nähe zu den Eltern;
- Zeit und Raum zum Spielen;
- die Möglichkeit, ihrer inneren Uhr folgen zu können und sich in Ruhe und in ihrem eigenem Tempo entwickeln zu können;
- die Chance, so akzeptiert zu werden, wie sie sind;
- Hilfe, wenn sie allein nicht weiterkommen;
- die Sicherheit, sich in der ganzen Bandbreite menschlicher Gefühls- und Verhaltensweisen ausprobieren zu können, ohne abgelehnt zu werden;
- die Möglichkeit, langsam, aber sicher immer unabhängiger zu werden;
- Kontakte zu anderen Menschen als zu denen der eigenen Familie.

Teil II

Das Anti-Stress-Programm

SKATE
SKATE
SKATE

3 Was kann man tun, um (negativen) Stress zu vermeiden?

Um es noch einmal zu wiederholen: Stress an sich ist nicht gefährlich. Täglich sind wir mit einer Vielzahl von Aufgaben und Herausforderungen konfrontiert. Wenn die äußeren Umstände es erlauben und wir mit genügend Fähigkeiten ausgestattet sind, werden wir unsere Kraft und unsere Energien zielgerichtet in die Bewältigung unserer alltäglichen Herausforderungen investieren, ohne anschließend über außergewöhnliche Erschöpfung zu klagen.

Schwierig wir es immer dann, wenn wir nicht in der Lage sind, den Herausforderungen gerecht zu werden, vielleicht aus folgenden Gründen:

- Wir haben keine Zeit, die Aufgabe zu lösen.
- Wir haben keine Lust, die Aufgabe zu lösen (und schieben sie vor uns her, ohne sie zu erledigen).
- Wir haben es nicht gelernt, die Aufgabe zu lösen.
- Oder unser Gehirn schafft es nicht, die notwendigen Verknüpfungen herzustellen, die für die Lösung der Aufgabe notwendig wären.

Die körperliche Stressreaktion läuft trotzdem in uns ab, das heißt, das Gehirn schüttet die notwendigen Hormone aus, die Muskulatur, die Atmung, der Stoffwechsel, das Sexualverhalten stellen sich darauf ein, dass diese Aufgabe nun gelöst werden soll. Es gelingt aber (aus einem der oben genannten Gründe) nicht, und solange die Aufgabe nicht gelöst ist, hält der angespannte körperliche Zustand an.

Besonders schwierig wird es, wenn sich mehrere solcher anhaltenden Stresszustände überlagern. Hätten wir es immer nur mit einer Aufgabe zu einem bestimmten Zeitpunkt zu tun, könnte das Bewusstsein den Abläufen folgen und wahrscheinlich auch ausgleichend reagieren. Viele dieser Prozesse des Stressgeschehens laufen jedoch unbewusst in uns ab, sodass wir oft erst an (heftigen) Symptomen „aufwachen" und feststellen, dass wir zu viel Stress hatten und haben. Zu viel Anspannung gegenüber zu wenig Entspannung, und die Schaukel gerät aus dem Schwung.

In diesem Kapitel geht es nun darum, was wir tun können, um unseren Stresshaushalt insgesamt auszugleichen.

Stressauslöser und persönliche Stressreaktionen erkennen: ein Drei-Schritt

Da Stress und Stressbewältigung sehr persönliche und individuell sehr verschieden gestaltete Phänomene sind, muss der erste Schritt immer der sein, die eigene Person zu beobachten.

Finden Sie Folgendes heraus:

- In welcher Situation fühle ich mich (immer wieder) gestresst?
- Worum geht es (eigentlich) in dieser Situation?
- Welche Personen spielen in dieser Situation eine Rolle?
- Was ist meine eigene Rolle dabei?
- Welche (inneren) Regeln (ver-)leiten mich zu dieser Rolle?
- Was qualifiziert mich für diese Rolle?
- Was fehlt mir, um in dieser Situation weniger oder gar nicht in Stress zu geraten?

Nehmen Sie sich zunächst eine einzelne Situation vor und betrachten Sie sie unter den genannten Fragestellungen.

Lassen Sie sich Zeit dabei und erwarten Sie nicht, dass Sie sofort eine Antwort finden. Manchmal hilft es schon, eine bestimmte Fragestellung eine Zeit lang mit sich herumzutragen. Und plötzlich kommt in einem unvorhergesehenen Moment eine Antwort, eine Einsicht, eine Idee, die dann langfristig weiterhilft.

Der zweite Schritt bei Ihrer Selbstbeobachtung sollte der sein, dass Sie genau beobachten, wie Ihre persönliche Stressreaktion aussieht:

- Woran merken Sie, dass Sie in Stress geraten?
- Welche körperlichen Symptome können Sie feststellen (in der Situation selbst und vielleicht auch anschließend, wenn sie vorbei ist)?
- Wie verhalten Sie sich, um der Aufgabe oder der Situation trotzdem gerecht zu werden?
- Was stört Sie an Ihrem eigenen Verhalten?
- Was finden Sie gut an diesem Verhalten?

Diese Fragen können Sie wahrscheinlich unabhängig von der Situation selbst beantworten. Wichtig ist jedoch auch, dass Sie im dritten Schritt lernen, sich in der kritischen Situation selbst zu beobachten:

- Wie ist die Atmung? Der Atemrhythmus? Wo im Körper ist eine Atembewegung zu spüren? Wie sind Ein- und Ausatem im Atemrhythmus verteilt? Gibt es Pausen?
- Welche Körperteile können Sie spüren? Welche nicht? Welche drängen sich Ihnen förmlich auf (zum Beispiel durch Schmerzen)?
- Wo im Körper spüren Sie Spannungen? Wo sind Sie (ganz) entspannt?

Je öfter Sie in einer Situation, die Sie als stressig empfinden, sich selbst in dieser Weise beobachten, desto besser lernen Sie sich selbst und Ihr eigenes Stressverhalten kennen. Das ist die erste Voraussetzung, um langfristig etwas zu ändern.

Stresstagebuch

Damit Sie all die auf diese Weise gewonnenen Erkenntnisse festhalten können, sollten Sie sich ein Stresstagebuch anlegen. Dieses benötigt keine vorgegebene Struktur, sondern Sie beginnen einfach, in einem leeren Buch oder Heft Ihre Erfahrungen zu notieren. Natürlich ist es auch möglich, die Erfahrungen am PC oder auf losen Blättern zu notieren, aber es besteht die Gefahr, dass einzelne Blätter verloren gehen. Bei der Aufzeichnung am PC fehlt Ihnen zudem Ihr persönliches Schriftbild. Das sagt im Nachhinein manchmal viel über die Gefühle aus, die Sie bei der Aufzeichnung der Gedanken hatten. Insofern eignen sich handschriftliche Notizen am besten, und nach und nach entsteht ein Buch über Ihre persönliche Stressentwicklung.

Sie können sich für Ihre Notizen an den oben genannten Fragen aus dem vorangegangenen Kapitel orientieren. Vergessen Sie jeweils nicht das Datum, das erleichtert Ihnen anschließend die Rückschau. So können Sie immer wieder zurückverfolgen, wann Sie welche Gedanken, Erfahrungen, Ideen oder Probleme hatten. Und Sie werden stolz sein auf Ihre Fortschritte, denn ein paar Wochen später werden Sie gar nicht mehr wissen, wie Sie vorher mit einer Stresssituation umgegangen sind, die heute vielleicht gar keine mehr ist. An Ihren Aufzeichnungen können Sie Ihre eigene Entwicklung sehr gut zurückverfolgen.

In dem Stresstagebuch nehmen Sie sich nach und nach verschiedene Stresssituationen vor und arbeiten sie immer wieder nach den gleichen Fragen ab. Auf diese Weise entwickeln Sie mehr und mehr Routine. Sie erkennen mit der Zeit eine Regelmäßigkeit und werden immer sicherer in der Bearbeitung und der Selbsterkenntnis der eigenen Stresssituationen.

Nach vier Wochen der Selbstbeobachtung sollten Sie einmal Zwischenbilanz ziehen, vorausgesetzt natürlich, dass Sie sich in diesen vier Wochen mindestens einmal pro Woche intensiv mit Ihrem Stress beschäftigt haben und die entsprechenden Notizen gemacht haben.

Die Zwischenbilanz sollte sich an den folgenden Fragen orientieren:

- Was haben die von mir untersuchten Stresssituationen gemeinsam?
- Welche körperlichen Symptome stehen bei mir in Stresssituationen im Vordergrund?
- Was unternehme ich, um dem Stress zu entfliehen?
- Welche Verdrängungsmechanismen habe ich an mir beobachtet?
- Was habe ich vielleicht schon unternommen, um weniger (negativen) Stress zu haben?
- Was fällt mir nach wie vor schwer zu beobachten oder wahrzunehmen?
- Was möchte ich (eigentlich / wirklich) verändern?

Seien Sie dabei ehrlich zu sich selbst. Bedenken Sie, dass Sie **nicht**:
– von heute auf morgen Ihr ganzes Leben ändern können;
– vollkommen stressfrei leben können.

Entscheiden Sie deshalb, welche Maßnahmen und welche Veränderungen wirklich wichtig und vor allem *realistisch* sind!

Ersparen Sie sich den Frust, etwas verändern zu wollen, von dem Sie nicht sicher sein können, dass Sie es tatsächlich durchhalten und verändern können.

Neue Muster der Stressbewältigung erproben

Wenn Sie sich eine Weile mit Ihrem persönlichen Umgang mit Stress beschäftigt haben, können Sie auch einmal einige für Sie ganz neue Strategien der Stressbewältigung ausprobieren. Vielleicht haben Sie bereits einige Muster entdeckt, die bei Ihnen immer wiederkehren und die sich bewährt haben. Die sollten Sie auf jeden Fall beibehalten. Außerdem können Sie die folgenden bewährten und sehr wirksamen Strategien probieren, die gar nicht so schwierig sind:

Paradoxe Reaktionen

Manchmal hilft es, in einer schwierigen Situation genau das zu tun, was Sie selbst als unsinnig empfinden oder Ihr Gegenüber am wenigsten erwartet.

Paradox bedeutet, dass etwas der allgemeinen Meinung entgegensteht, dass es widersinnig ist oder zu sein scheint und dass es unvermutet, auffallend, sonderbar oder seltsam ist.

In einer unkontrollierbaren Stresssituation sind paradoxe Reaktionen deshalb so hilfreich, weil sie Sie aus Ihrer Sackgasse herausholen. Sie wollen eine Herausforderung bewältigen, können es nicht, geben den Plan aber nicht auf, und erhalten innerlich die Spannung, den Widerstand gegen die unlösbare Aufgabe. Im Körper wird also eine Situation beibehalten, die Ihnen Energie raubt, aber nicht zum Ziel führt. Deshalb nützt es nichts, dasselbe immer noch mehr zu tun (zum Beispiel sich immer noch mehr anzustrengen), sondern ein Ausstieg aus der eingeschlagenen Bahn wird notwendig:

Paradoxe Reaktionen holen Sie aus der Sackgasse heraus, in der Sie sich befinden, wenn der Stress unkontrollierbar wird. Anschließend ist der Blick wieder frei für konstruktive Lösungswege.

- Machen Sie schöne Musik an.
- Singen Sie ein Lied.
- Tanzen Sie.
- Sagen Sie (alle) Termine ab.
- Machen Sie eine Pause, obwohl Sie viel zu tun haben.
- Machen Sie einfach etwas, was Ihnen in der aussichtslosen Stresssituation verrückt erscheint.
- Darüber hinaus haben Sie vielleicht noch andere Ideen…

Solche Maßnahmen erlauben anschließend einen realistischen Blick auf die Situation und auf den Stress. Dadurch können Sie dann zielstrebiger Ihre Aufgaben erledigen und den Stress in den Griff bekommen.

Hier noch einige weitere Maßnahmen, die in der jeweiligen Situation paradox wirken können.

Aus der Situation herausgehen

Sie haben einen Termin, wollen los, die Kinder streiten, ziehen sich nicht an, machen alles andere, nur nicht das, was sie sollen. Da könnte einem schon mal der Geduldsfaden reißen.

Das Kind hat einen Trotzanfall, es schreit, sagt zu allen Vorschlägen NEIN und lässt sich durch nichts beruhigen. Wenn das auch noch in aller Öffentlichkeit passiert, kann das Stressniveau erheblich ansteigen …

Sie streiten mit jemandem, es ist keine Versöhnung absehbar, im Gegenteil, es wird immer lauter, gereizter, aggressiver … In solchen Situationen ist der eigene Stresspegel oft so hoch, dass der nächste Schritt nur noch ein „Ausrasten“ ist.

Um es nicht so weit kommen zu lassen, hilft oft eine kurzfristige Unterbrechung der Situation:

- Gehen Sie einfach mal vor die Tür.
- Laufen Sie einmal ums Haus.
- Klingeln Sie bei der Nachbarin oder einer Freundin und halten Sie ein Schwätzchen.
- Rufen Sie eine Freundin an und erzählen Sie ihr von Ihrem Stress.
- Gehen Sie erst einmal aufs Klo und ziehen Sie sich einen Moment zurück.
- Wenn Sie einen Hund haben, gehen Sie eine kurze Runde „Gassi".

Vielleicht fallen Ihnen noch weitere Möglichkeiten ein, wie Sie einer Stresssituation im Ernstfall kurzfristig „entfliehen" können.

Wenn der Stress zur Qual wird, wenn die Nervosität steigt und die Situation zu eskalieren droht, suchen Sie eine Unterbrechung des Geschehens.

Viele Eltern haben Skrupel – besonders, wenn die Kinder noch klein sind –, den Ort des Geschehens zu verlassen. Sie fürchten, dass in ihrer Abwesenheit etwas passieren könnte und sie dann ihre Aufsichtspflicht verletzt haben. Die Praxis zeigt aber, dass ein Bleiben manchmal viel verheerendere Folgen hat als die kurze Unterbrechung. Damit rechnen die Kinder oder der Partner nämlich nicht, und alle Beteiligten haben eine Gelegenheit zum Luftholen. Sie können den Ernst der Lage wirklich erkennen, und so löst sich manches Problem wie von allein. Sie kommen wieder, haben sich selbst etwas entspannt, und plötzlich gibt es ganz unerwartete Lösungsmöglichkeiten, die in der angespannten Situation gar nicht möglich gewesen wären.

Natürlich müssen gewisse Gefahrenquellen ausgeschlossen sein. Aber überlegen Sie einmal: Ein Kind, dass mitten in einem Trotzanfall feststellt, dass die Mutter einfach weggegangen ist, wird in diesem Moment die Situation nicht dafür nutzen, sich an den Steckdosen zu schaffen zu machen. Und wie gesagt, es geht um eine *kurze* Unterbrechung, die gerade so lang sein sollte, dass die Situation sich entspannt.

Sollten Sie tatsächlich nicht weggehen können, dann ist die Telefonlösung immerhin eine Alternative. Sprechen Sie sich mit einer Freundin oder einer anderen Mutter ab, die Sie vielleicht aus einem Spielkreis oder Elternkurs kennen, dass Sie sich in solchen Situationen anrufen. Verabreden Sie dies auch auf Gegenseitigkeit. Sie werden sehen, dies ist eine sehr wirksame und hilfreiche Methode, eine stressige Situation zu unterbrechen, neue Kraft zu tanken und auf neue konstruktive Ideen zu kommen.

Den Atem nutzen: Verschiedene Atemtechniken

Ihr Atem korrespondiert unmittelbar mit Ihrem Stressniveau. Durch die Spannung der Muskulatur kann sich die Atembewegung im Körper nicht mehr ungehemmt ausbreiten. Je mehr Sie in Stress geraten, desto mehr Muskeln spannen Sie an, und desto flacher und kürzer wird auch Ihr Atem(rhythmus). Diese Vorgänge passieren normalerweise unbewusst, gehören aber immer zusammen. Deshalb können Sie das Stressgeschehen über den Atem kontrollieren und beeinflussen.

Atemübungen entspannen und sorgen für eine bessere Sauerstoffversorgung im Körper. Das hilft dabei, den Blick wieder auf das Wesentliche zu richten und die Stresssituation wieder unter Kontrolle zu bekommen.

Wenn Sie schon einmal eine Entspannungsmethode erlernt haben, vielleicht Autogenes Training, Entspannung nach Jacobson, Neurolinguistisches Programmieren (NLP), Meditation o. Ä., wenn Sie Yoga, T'ai Chi, Qi Gong, Neuromuskuläre Integrative Aktion (NIA), fernöstliche Kampfsportarten o. Ä. kennen gelernt haben, dann wissen Sie bereits, welchen enormen Einfluss der Atem auf unsere Kraft hat. Dann haben Sie sicher auch schon Erfahrung mit verschiedenen Atemübungen. Schöpfen Sie aus dieser Quelle Kraft und wenden Sie die Übungen an, mit denen Sie bereits gute Erfahrungen gemacht haben. „Trainieren" Sie regelmäßig, damit Sie die Übungen auch in Situationen anwenden können, in denen Sie gestresst sind.

Auch für diejenigen, die mit solchen Übungen noch keine Erfahrung haben (oder nur vage Erinnerungen an die Übungen im Geburtsvorbereitungskurs), können die folgenden Übungen sehr hilfreich sein.

Ganzkörperatmung

Wenn der Körper entspannt ist, kann die Atembewegung sich im ganzen Körper ausbreiten. Die Lungenflügel dehnen sich durch den Einatem aus, und diese Bewegung setzt sich durch die weiche Muskulatur im Körper fort. Auf diese Weise werden alle inneren Organe und Muskeln bewegt, sanft massiert und die Durchblutung gefördert. Ist der Körper verspannt, wird die Lunge an einer optimalen Ausdehnung und die Atembewegung an ihrer Fortsetzung gehindert. In Stresssituationen ist eine relativ hohe Körperspannung anzutreffen. Und je verspannter Sie insgesamt sind, desto weniger sind Sie innerlich flexibel. Das gilt auch im übertragenen Sinn!

Deshalb können Sie das innere Loslassen auch über einen tiefen Atemzug fördern, der alle Regionen des Körpers erreicht.

- Warten Sie den nächsten Einatem ab. Sie brauchen nichts zu tun. Er kommt ganz von allein.
- Lassen Sie den Körper möglichst locker.
- Lassen Sie den Atem in die Lunge einströmen und spüren Sie, wie sich dabei nicht nur die Lunge ausdehnt, sondern sich die Bewegung im Körper fortsetzt.
- Lassen Sie den Atem vollständig aus dem Körper herausfließen, bis Sie wirklich zu Ende ausgeatmet haben. Spüren Sie dabei, wie der Körper mit dem Atem auch überflüssige Spannungen abgeben kann.
- Lassen Sie ganz bewusst den nächsten Einatem sich im ganzen Körper ausbreiten, wandern Sie mit Ihrer Aufmerksamkeit mit der Atembewegung durch den Körper und spüren Sie, bis wohin sich die Atembewegung nun schon ausbreitet.
- Der Ausatem fließt langsam und bis zu Ende. Alle Dehnungen, die durch den Einatem entstanden sind, fallen locker in sich zusammen.
- Lassen Sie ganz bewusst den nächsten Einatem sich bis in die Fußspitzen, bis in die Fingerspitzen und (gefühlsmäßig) vielleicht sogar bis in die Haarspitzen ausbreiten. Spüren Sie, wie dieser eine Atemzug den ganzen Körper innerlich massiert und mit Sauerstoff versorgt.
- Lassen Sie mit dem Ausatem alle Restspannungen los und atmen Sie weiter, wie Sie es gewohnt sind.

„Pferdeschnauben"

Wenn Sie im Stress sind, gibt es meistens besondere Verspannungen im Mund- und Kieferbereich. Sie haben gelernt, die „Zähne zusammenzubeißen", und das ist es, was Sie in dieser Situation tun. Deshalb ist es hilfreich, in diesem Bereich eine Entspannung herbeizuführen.

- Lassen Sie einen tiefen Einatem kommen.
- Legen Sie die Lippen locker aufeinander und blasen Sie den Ausatem durch die geschlossenen Lippen langsam und lange, aber kräftig wieder aus. (Dabei entsteht ein schnaubendes Geräusch.)
- Wiederholen Sie diesen Atem zwei- oder dreimal.
- Wenn diese Übung Sie oder Ihre Kinder zum Lachen bringt, um so besser! Denn Lachen entspannt nicht nur den Körper, sondern auch die stressige Situation.

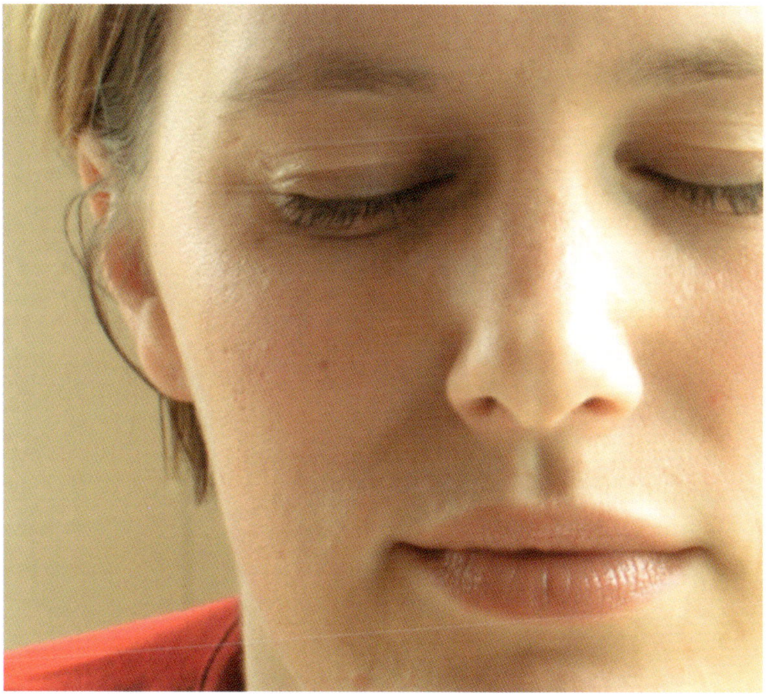

Explosionen

Eine ähnliche Übung ist, wenn Sie den Atem sozusagen „explodieren" lassen. Dazu beginnen Sie wie beim „Pferdeschnauben".

- Lassen Sie einen tiefen Einatem kommen.
- Pressen Sie nun die Lippen fest aufeinander und halten den Ausatem so lange wie möglich hinter den geschlossenen Lippen im Körper.
- Irgendwann können die Wangen den Ausatem nicht mehr halten, die Lippen öffnen sich explosionsartig.
- Wiederholen Sie diesen Atem zwei- oder dreimal.
- Auch hier gilt: Lachen entspannt nicht nur den Körper, sondern auch die stressige Situation.

Zählen

Manche Menschen können sich sehr gut von einer anstrengenden Sache ablenken, indem sie innerlich zu zählen beginnen. Das lenkt von Wut und Unbeherrschtheit ab und schafft sozusagen eine kleine Pause für die Aufmerksamkeit.

- Lassen Sie den Einatem kommen und zählen Sie innerlich langsam mit, wie lange Sie einatmen.
- Zählen Sie dann auch beim Ausatmen, und atmen Sie bis zu Ende aus.
- Warten Sie die Pause ab, bis der nächste Einatem von allein kommt. Vielleicht können Sie auch in der Atempause zählen.
- Versuchen Sie beim nächsten Einatem eine Zahl weiter zu zählen, beim Ausatem genauso.
- Finden Sie Ihren optimalen Rhythmus heraus, es gibt keine allgemein gültige Zahl, die ich hier vorgeben könnte. Die Anzahl der Atemzüge, die Sie zählen, um sich wieder zu beruhigen, ist sehr unterschiedlich. Das ist jeweils abhängig von der Sachlage, von

Ihrem Grad der Angespanntheit, Ihrer inneren Verwicklung in die Situation und auch von Ihrer Konzentrationsfähigkeit.

Anspannen und Lockerlassen

Manche Menschen können sich sehr gut entspannen, wenn sie die Anspannung im Körper zunächst erhöhen. Durch die übertriebene Anspannung werden die Spannungen deutlicher und können dann gezielt gelöst werden. Dieser Vorgang kann sehr gut mit dem Atem kombiniert und von ihm unterstützt werden.

- Spannen Sie mit dem Einatem den ganzen Körper sehr kräftig an. (Vielleicht hilft es Ihnen, dabei die Arme in die Luft zu heben.)
- Spannen Sie am Ende des Einatems noch einmal kräftig nach und lassen Sie dann mit dem Ausatem alle Spannungen wieder los.
- Achten Sie darauf, dass Sie fest auf den Füßen stehen, lassen Sie beim Ausatmen die Arme wieder fallen und atmen Sie auf jeden Fall bis zu Ende aus.
- Vielleicht machen Sie ein bis zwei Atemzüge zwischendurch und wiederholen den Vorgang noch zwei- bis dreimal.

Körperteile innerlich aufrufen und beatmen

Eine weitere Möglichkeit, sich auf die Atmung zu konzentrieren, damit von einem Stressgeschehen abzulenken und neue Kraft zu tanken, ist die folgende:

- Wandern Sie mit der Aufmerksamkeit in die Füße und stellen Sie sich vor, Sie könnten durch die Füße ein- und ausatmen. Bleiben Sie mindestens drei Atemzüge an dieser Stelle und gehen Sie dann weiter mit der Aufmerksamkeit in Ihre

- Unterschenkel. Atmen Sie auch hier mindestens drei Atemzüge in Ihrer Vorstellung durch die Unterschenkel. Dann geht es weiter mit den
- Oberschenkeln. Auf diese Art und Weise rufen Sie sich nach und nach alle Körperteile auf und atmen immer in der Vorstellung, dass Sie durch diesen Teil des Körpers ein- und ausatmen würden.
- Eine günstige weitere Reihenfolge ist: Becken (vielleicht sogar unterteilt in unten, hinten, vorn); Bauchraum (zwischen Becken und Brustkorb); Brustkorb; Schultern; Oberarme; Unterarme; Hände; Nacken; Kopfhaut; Stirn; Ohren; Augen.
- Wenn es schwer fällt, bei den Füßen anzufangen, können Sie auch bei einem anderen Körperteil beginnen. Die Füße haben nur den Vorteil, dass sie am weitesten vom Kopf entfernt sind. So wird die Aufmerksamkeit am weitesten von den aktuellen Gedanken abgelenkt.
- Sie brauchen nicht zwangsläufig durch den ganzen Körper zu wandern. Manchmal reicht es schon, die Aufmerksamkeit in einzelne Körperteile zu lenken, um bald eine Entspannung zu spüren. Dabei gilt: Je weiter Sie sich vom Kopf entfernen, desto wirksamer ist der Effekt.

Die Kraft aus dem Bauch holen

Mit der folgenden Übung können Sie sich auf das Wesentliche konzentrieren, Kraft sammeln und wieder ins Gleichgewicht kommen:

- Konzentrieren Sie sich auf die Stelle etwa drei Finger breit unterhalb Ihres Bauchnabels, etwa in der Mitte Ihres Körpers. Dort liegt eines der stärksten Kraftzentren unseres Körpers.
- Lassen Sie die Atembewegung sich (mindestens) bis zu dieser Stelle in Ihrem Körper ausbreiten und entspannen Sie den Körper so weit wie möglich.
- Kommen Sie beim Einatem in Kontakt mit der Kraft, die in dieser Körperregion schlummert, und aktivieren Sie sie.

- Lassen Sie diese Kraft sich mit dem Ausatem im ganzen Körper ausbreiten und nutzen Sie sie für die nächste anstehende Aufgabe.
- Sie werden sehen, wie schnell Sie auf diese Weise Ihre eigenen Kräfte mobilisieren können.

Im Grunde sind alle diese Atemübungen auch eine besondere Form der Unterbrechung der Situation. Sie beschäftigen sich einen Moment lang nur mit sich selbst, versuchen sozusagen, sich selbst wieder in eine neutrale Position zu bringen, um die Situation wieder in den Griff zu bekommen. Die entspannende und ausgleichende Wirkung dieser Atemübungen gibt Ihnen neue Kraft, das Stressgeschehen wieder unter Kontrolle zu bekommen und in eine konstruktive Richtung zu lenken.

Atemübungen sind effektiver und leichter anwendbar, wenn Sie regelmäßig üben. Die wöchentliche Teilnahme an einer Entspannungsgruppe ist ein hervorragendes Training.

Grundsätzlich sollten Sie solche Übungen regelmäßig machen, auch wenn Sie gerade nicht im Stress sind. Sie eignen sich als Einschlafhilfe oder als kleine Pause zwischendurch, um neue Kraft zu tanken. Der Vorteil eines regelmäßigen Trainings besteht darin, dass Ihr Körper nicht nur die Übungen besser beherrscht, sondern auch das Ergebnis und den Erfolg kennt. Das schafft eine größere Motivation und erhöht die Chance, die Übung auch im Ernstfall wirklich anwenden zu können.

Wenn es Ihnen schwer fällt, allein zu Hause regelmäßig zu üben, sollten Sie sich eine Gruppe suchen, in der solche Übungen regelmäßig angeleitet werden. Das gibt Ihnen zusätzlich immer wieder neue Anregungen, auf was Sie sonst noch achten können, und Sie lernen sich und Ihren Körper immer besser kennen. (Weitere hilfreiche Übungen finden Sie in meinem Buch „Den Alltag in den Griff bekommen. Familien-Management“, dtv, München 2000.)

4 Stress-Prophylaxe

Stresssituationen gar nicht aufkommen lassen

Das Beste ist natürlich immer, Sie lassen Stresssituationen gar nicht erst aufkommen. Je besser Sie sich selbst kennen, desto leichter wird es Ihnen mit der Zeit fallen, schon die ersten Stressansätze zu erkennen und rechtzeitig sinnvoll darauf zu reagieren.

Ihr Stresstagebuch kann Ihnen gute Dienste leisten, denn durch das Erkennen von Regelmäßigkeiten wird Ihnen klar, welche Umstände bei Ihnen den Stress erzeugen. Dann können Sie sinnvoll darauf reagieren: Entweder eignen Sie sich zusätzliche Kenntnisse und Fertigkeiten an, um der Aufgabe besser gerecht zu werden, die Sie regelmäßig in Stress versetzt. Oder Sie lernen den Stress zu vermeiden, die Aufgabe zu delegieren oder sich Hilfe zu organisieren.

Im Folgenden werden Sie viele Hinweise finden, in welcher Weise Sie dem (negativen) Stress sinnvoll vorbeugen können.

Disziplin

Disziplin ist einerseits sehr verpönt, weil sie uns doch davon abhält, einfach in den Tag hinein zu leben. Wenn wir das können, vielleicht weil wir gut versorgt werden, Urlaub haben, uns um nichts (termingerecht) kümmern müssen und keine Verbindlichkeiten haben, dann mag Disziplinlosigkeit eine luxuriöse Haltung sein. Andererseits müssen wir feststellen, dass uns der Familienalltag dieses Szenario nur selten beschert, sodass es uns wenig nützt, einem ewigen „Nach-Lust-und-Laune-Prinzip" nachzuweinen.

In dem Moment, in dem wir Arbeiten erledigen, Herausforderungen meistern und Pflichten erfüllen müssen, kann Disziplin uns eine große Hilfe sein. Sie hilft uns:

- Pläne (regelmäßig) einzuhalten;
- Sicherheit über (alltägliche) Abläufe zu bekommen;
- Kräfte realistisch einzuteilen;
- Transparenz im Alltag zu haben;
- über bestimmte Dinge nicht immer wieder neu nachdenken zu müssen.

Je unsicherer Sie mit einer Aufgabe sind, desto hilfreicher ist Disziplin für deren Lösung.

Was wir allerdings nicht falsch verstehen dürfen, ist, dass damit nicht Disziplin rund um die Uhr gemeint sein muss. Disziplin ist dazu da, unsere Aufgaben zuverlässig zu erledigen. Anschließend dürfen wir uns Freizeit gönnen, die nicht diszipliniert festgelegt sein muss. Manche Menschen genießen es, wenn der gesamte Tagesablauf vorprogrammiert nach bestimmten Regeln verläuft. Andere fühlen sich dadurch eher eingeschränkt und brauchen auch den zweiten Teil von „Erst die Arbeit, …", nämlich das Vergnügen. Für sie verhält es sich mit der Disziplin wie mit dem Stress: Sie brauchen als Ausgleich sozusagen „disziplinlose" Zeiten. Das ist vollkommen in Ordnung, solange das Verhältnis stimmt. Das heißt, wenn Sie ausreichend Disziplin zeigen und Ihre Pflichten erfüllen, dann haben Sie sich den Ausgleich redlich verdient.

Planen Sie nur, was Sie auch durchführen können

Eine der wichtigsten Anforderungen in der Stressprophylaxe ist die, Ihre Pläne nicht zu sehr zu überfrachten. Manche Menschen glauben, sie würden mehr schaffen, wenn sie sich mehr vornehmen. Meistens geht diese Rechnung jedoch nicht auf. Im Gegenteil, wenn am Ende viele Punkte auf der Liste stehen geblieben sind, die Sie nicht erledigt haben, sind Sie frustriert. Das ist eine schlechte Ausgangsbasis für den nächsten Tag, das nächste Projekt, die nächste Arbeit. Je öfter es Ihnen passiert, dass Sie Ihr „Soll“ nicht erfüllt haben, desto mehr bekommen Sie das Gefühl, „nie“ etwas zu schaffen. Dabei geht es eher darum, mehr darauf zu achten, was Sie tatsächlich erledigt haben und vor allem wie Sie das geschafft haben.

Üben Sie also zu planen: Kontrollieren Sie immer wieder, wie Ihr ursprünglicher Plan aufgegangen ist. Freuen Sie sich über alles, was Sie tatsächlich erledigt haben. Je öfter Sie Ihre Pläne auf diese Weise überprüfen, desto sicherer werden Sie in Ihrer Planung. Dann wird es immer seltener vorkommen, dass Sie sich zu viel vornehmen.

Wenn Sie sich nur das vornehmen, was Sie wirklich schaffen können, werden Sie insgesamt weniger Stress haben. Dann werden Sie zufrieden damit sein, Ihre Aufgaben tatsächlich erledigt zu haben.

Halten Sie sich an Ihre Pläne

Der Volksmund nennt es „hausgemachten Stress", wenn Sie sich immer wieder Dinge vornehmen, die Sie nicht erfüllen, oder wenn Sie sich mit eigentlich eher unwichtigen Dingen beschäftigen.

Manche Menschen machen sich zwar einen Plan, tun dann aber alles andere, nur nicht das, was sie sich vorgenommen hatten. Sie haben abends das Gefühl, viel erledigt zu haben, allerdings standen auf dem eigentlichen, nicht erfüllten Plan vielleicht Dinge, die dringend hätten erledigt werden sollen. Wenn das öfter passiert, wird es eine Reihe unerledigter Geschäfte bei Ihnen geben, die Sie als einen stetig wachsenden Berg vor sich herschieben.

Dann nützt Ihnen das Gefühl, viel geschafft zu haben, wenig, weil der Stress der unerledigten Geschäfte im Untergrund rumort. Dieser Stress erzeugt körperliche Symptome, die Sie vielleicht lange verdrängen. Sie brauchen viel Kraft, um den unerledigten Berg vor sich herzuschieben. Der Organismus bleibt in einem Widerstand gegen die Lösung der eigentlichen Aufgabe, und Sie verschwenden eine Menge Energie, die Sie sinnvoller zu einer konstruktiven Lösung Ihrer Probleme nutzen könnten.

Wenn Sie sich in dieser Haltung wiedererkennen, sollten Sie Ihr Planen einmal überdenken. Grundsätzlich haben Sie zwei Möglichkeiten, mit dem Problem umzugehen: Entweder entscheiden Sie, dass das Geplante unwichtig war, und verwerfen diese Aufgaben endgültig als erstrebenswerte Ziele. Dann brauchen Sie diese Dinge auch gar nicht mehr in den Plan aufzunehmen.

Oder Sie fragen sich, was Sie eigentlich daran hindert, den Plan auszuführen:

- Wozu dient die Aufgabe, die Sie immer wieder vor sich herschieben?
- Wozu ist es wichtig, dass Sie sie erfüllen?
- Warum steht diese Aufgabe (immer wieder) auf Ihrem Plan?
- Können Sie die Aufgabe nicht erfüllen, weil Ihnen Kenntnisse oder Fertigkeiten fehlen?
- Wollen Sie die Aufgabe aus irgendeinem Grund nicht erfüllen?
- Fürchten Sie sich vielleicht vor den Folgen?
- Brauchen Sie Hilfe? Und wenn ja, welche?
- Was wäre, wenn Sie Hilfe organisieren?
- Was brauchen Sie, um den Plan schließlich einhalten zu können?

Meistens gibt es einen mehr oder weniger triftigen Grund, warum Sie dazu tendieren, sich etwas vorzunehmen, was Sie dann schließlich nicht einhalten. Mit den oben genannten Fragen sollte es Ihnen gelingen, Ihrem „inneren Schweinehund“ auf die Spur zu kommen. Dann lernen Sie langfristig, sich Dinge, die nicht wichtig sind, auch nicht mehr vorzunehmen, oder Dinge, die wichtig sind, zügig anzupacken. Wenn sie erledigt sind, brauchen Sie keine Kraft mehr, den ständig wachsenden Berg vor sich herzuschieben.

Für manche Menschen ist dies genau das Muster, mit dem sie sich selbst ständig unter Stress setzen.

Hilfe organisieren

Überlegen Sie, welche Aufgaben Sie abgeben können und wer Ihnen dabei helfen kann, neue Fähigkeiten zu entwickeln.

Wenn Sie einer Aufgabe, die Sie immer wieder in unangenehmen Stress bringt, nicht entfliehen wollen (oder können), gibt es zwei Möglichkeiten: Entweder müssen Sie etwas lernen, um die Aufgabe zu bewältigen, oder Sie geben die Aufgabe ab. Um etwas Neues zu lernen, ist es günstig, wenn Sie sich an Menschen wenden, die Ihnen zeigen können, wie es geht, und die Sie dabei begleiten, es selbst zu tun, also Ihr eigenes Programm dafür zu entwickeln. Jedes Lernen und jede Veränderung braucht Zeit und das Bewusstsein, dass der gesamte Organismus während des Übens in hoher Anspannung ist, um diese neue Aufgabe zu lösen. Deshalb ist es gut, wenn jemand da ist, der Ihnen immer wieder hilft, sich nicht zu überfordern. Mancher lernt auch nach dem Prinzip Versuch und Irrtum, oder aus Büchern oder anderen Medien, und macht seine Erfahrungen allein. Allerdings versichert Sie die positive Rückmeldung anderer Menschen am ehesten, dass Sie Ihr Lernziel erreicht haben.

Die andere Form der Hilfestellung ist die ganz praktische: Vielleicht gibt es Aufgaben, die Sie komplett an andere übertragen können und mit denen Sie sich folglich nicht mehr quälen müssen.

Fragen Sie sich:

- In welchen Bereichen wünschen wir uns Hilfe?
- Wer könnte uns unterstützen? Gibt es Freunde oder Verwandte, oder sollen wir Fachkräfte für bestimmte Aufgaben engagieren?
- Wären Tauschdienste für unsere Familie eine Lösung? Wenn ja, für welche Bereiche, und mit wem wäre das möglich? Mit wem könnte ich mir beispielsweise vorstellen, eine Kinderbetreuung auf Gegenseitigkeit zu organisieren, mit wem Fensterputzen gegen Haareschneiden, mit wem Rasen mähen gegen Bügeln etc.?

Gesprächskultur

Im täglichen Miteinander vermitteln wir unsere Thesen und Motive im Wesentlichen über die Kommunikation. Wir können viel Stress vermeiden, wenn wir in unserer alltäglichen Kommunikation die folgenden Punkte berücksichtigen:

Grundregeln für einen vertrauensvollen Umgang in der Familie

1. Formulierungen im Alltag
wirken oft stärker, als uns klar ist. Schon das Baby begreift den Sinn der Worte, und vor allem, was (eigentlich) gemeint ist. Achten Sie darauf, wie und worüber Sie (in Gegenwart Ihres Kindes) sprechen.

2. Du-Botschaften werden meist als Vorwurf empfunden
und bringen den anderen in eine Verteidigungshaltung. Bei Kindern können sich solche Zuschreibungen auch verselbstständigen und dazu führen, dass sie genau das tun, was Ihnen über die Du-Botschaft vorgeworfen wird. Vermeiden Sie also Formulierungen wie: „Du machst immer nur Unfug!“ oder „Du Miststück“ oder „Du Quälgeist“ u.Ä.

3. Geben Sie Ich-Botschaften.
Sagen Sie eher, wie Sie selbst sich fühlen, als dass Sie andere für Ihr Empfinden verantwortlich machen. „Du lässt mich ja nicht schlafen!“, wirkt anders als: „Ich kann nicht genügend schlafen, weil der Familienalltag so aufreibend ist.“ Gerade Kinder dürfen nicht die Verantwortung für Missstände in der Familie zugeschrieben bekommen.

4. Das Unbewusste kennt kein NEIN bzw. kein NICHT.
„Du sollst nicht…“ Wenn Sie jemandem nur sagen, wie er es nicht machen soll, weiß er noch lange nicht, wie er es denn machen soll. Obendrein besteht die Gefahr, dass Sie ihn dadurch erst auf die Idee bringen. Er überhört das „nicht“ und tut gerade das, was er nicht tun soll. Finden Sie positive Zuschreibungen für das, was Sie von Ihrem Gegenüber wollen: „Wenn du leise bist, könnte ich ein bisschen schlafen.“

5. Reflektieren Sie Ihre Kommunikation.
Sprechen Sie mit Ihrem Partner und altersgemäß mit Ihren Kindern darüber, wie bestimmte Verhaltensweisen auf den anderen wirken. Fragen Sie nach und vergewissern Sie sich, ob Ihre Absicht angekommen ist. Machen Sie sich immer wieder bewusst, welche Verhaltensweisen bei wem wie ankommen.

6. Konflikte gehören zum menschlichen Miteinander
und es geht darum, sie zu lösen. Im Konflikt zeigt sich oft, welcher Lernbedarf gerade ansteht. Das heißt, da, wo es einen Konflikt gibt, haben Sie eine „Baustelle" für neues Wissen, neue Fertigkeiten / Fähigkeiten, neue Verhaltensweisen oder Veränderungen. Scheuen Sie also nicht den Konflikt, sondern gehen Sie (gemeinsam) auf die Suche nach konstruktiven Lösungen.

7. Eltern sind Vorbild, ob sie wollen oder nicht.
Die Kinder lernen und ahmen nach, was sie erleben. Das, was Eltern ihren Kindern sagen, muss mit dem übereinstimmen, was sie leben. Sonst werden sie nicht ernst genommen, und die Kinder wissen nicht, woran sie sich orientieren sollen. Verlangen Sie von Ihren Kindern also nur das, was für Sie selbst auch uneingeschränkt gilt. Bzw. umgekehrt: Wenn Sie Ihrem Kind eine bestimmte Verhaltensweise vermitteln wollen, leben Sie sie!

8. „Nobody is perfect", und niemand muss es sein!
Gerade in scheinbaren „Fehlern" liegt manchmal die Quelle reichhaltiger Kreativität. Die Frage ist immer: Was ist zurzeit wirklich wichtig? Worum geht es (eigentlich)? Was sollen oder wollen wir als Nächstes lernen?

9. Ermöglichen Sie Ihrem Kind Kontakte zu anderen
Familien, anderen Kindern, anderen Erwachsenen, eben anderen Menschen. Dort lernen sie, dass die Vielfalt menschlicher Ausdrucks- und Verhaltensformen größer ist als das Repertoire der eigenen Familie.

Rituale

Rituale sind Abläufe von wiederkehrenden Ereignissen, die sich regelmäßig wiederholen. Ursprünglich waren Rituale feststehende Abläufe religiöser Handlungen. Heute wird der Begriff auch für „profane" Alltagssituationen verwendet.

Rituale haben viele Vorteile. Sie

- geben Sicherheit, weil wir wissen, was passiert und wie es geht;
- geben Vertrauen, weil wir uns auf das Bekannte verlassen können;
- schaffen Verbindlichkeit;
- geben Orientierung im Alltag;
- sichern die Abläufe im Alltag;
- schaffen Freiräume;
- geben Gelassenheit, denn die wichtigen Dinge sind verlässlich geregelt;
- sind unsere gelebte Kultur;
- vermitteln ein Gefühl von Heimat, denn die Rituale prägen uns und unseren Umgang miteinander.

Rituale sind in gewissem Sinne das Ergebnis konstruktiver Stressbewältigung.

Rituale entstehen einerseits aus überlieferten Traditionen und werden als solche weitergegeben. Zum Beispiel gibt es zum Geburtstag Geschenke und Gratulationen, in manchen Familien bestimmte Geburtstagskuchen, es wird auf eine bestimmte Weise gefeiert usw. Dieses Ritual ist für einen größeren Kulturkreis gültig.

Andererseits können Rituale auch aus unserem täglichen Umgang miteinander entstehen. Dann sind sie das Ergebnis immer wiederkehrender Situationen, die jedes Mal nach dem gleichen Schema ablaufen. Meist sind dies Abläufe, die sich für den Umgang miteinander als günstig erwiesen haben. Zum Beispiel ist der Ablauf am Morgen in vielen Familien ritualisiert: Wer macht das Frühstück? Wer frühstückt mit wem? Welches Hygiene- oder Aufräum-Programm wird jeden Morgen immer wieder gleich abgespult? Usw. So ein Morgenritual sieht in verschiedenen Familien sehr unterschiedlich aus.

Dinge, die wir gut können, weil wir sie häufig geübt haben, werden ritualisiert. Sie laufen immer nach demselben Muster ab, und wir brauchen nicht mehr darüber nachzudenken, was wir als Nächstes tun müssen und wie wir es am besten anstellen. Unser Gehirn erhält einen Reiz und spult automatisch das Programm ab, das es zur Lösung dieser Aufgabe gespeichert hat. Wir hören zum Beispiel den Wecker klingeln, stehen auf, wecken die Kinder (einmal, zweimal, dreimal?), gehen duschen, machen Frühstück, machen die Kinder fertig, schmieren Brote, räumen bestimmte Dinge auf, machen Betten, lesen Zeitung, bringen die Kinder in den Kindergarten, gehen zur Arbeit … – spulen eben das Morgenprogramm ab, wie es sich in unserer Familie eingeschliffen hat. Im günstigen Fall klappt alles reibungslos, und wir können uns darauf verlassen, dass es auch morgen wieder klappen wird, ohne dass wir dadurch in unkontrollierbaren Stress geraten.

Wenn Sie sich in diesem Beispiel nicht wiederfinden, weil Sie doch (allmorgendlich) in Stress geraten, dann lebt vielleicht ein Baby in Ihrem Haushalt. Im ersten Lebensjahr verändert sich ständig der Rhythmus des Babys, die Nächte verlaufen unterschiedlich, sodass der morgendliche Ablauf auch vom Grad Ihrer Ausgeschlafenheit abhängt. Wenn die Kinder größer sind und das Morgenritual sich nicht einspielen will, sollten Sie noch einmal zurück zu den Fragen gehen, mit denen Sie Ihrem persönlichen Stress auf den Grund gehen können (siehe Seite 60f). Untersuchen Sie, welche Situationen oder Anlässe innerhalb Ihres allmorgendlichen Ablaufs zu Stress führen, der nicht mehr zu kontrollieren ist. Wenn Sie die Situation durchschaut haben, ist es leichter, etwas zu ändern.

Wiederkehrende Ereignisse im Tages- / Wochen- / Monats- / Jahresrhythmus

Um sich also möglichst viel unnötigen Stress zu ersparen, ist es günstig, wiederkehrende Ereignisse weitestgehend zu ritualisieren. Dazu eignen sich besonders die folgenden Situationen.

Täglich wiederkehrende Ereignisse:

- „Guten Morgen" sagen, wecken, aufstehen, anziehen
- Frühstück
- Zähneputzen (mehrmals täglich)
- aufräumen, tägliche Hausarbeiten
- aufbrechen zum Kindergarten, zur Schule, zur Arbeit
- kochen
- Mittagessen (auch Rituale für den gemeinsamen Beginn)
- eventuell Mittagsschlaf
- gegebenenfalls Hausaufgaben
- gegebenenfalls tägliche Übungen (Instrumente, therapeutische Übungen o. Ä.)

- Post
- Zeitung lesen
- Abendbrot
- „Gute-Nacht" und einschlafen

Wöchentlich wiederkehrende Ereignisse:

- Wochenendaktivitäten
- Sport- oder Musikunterricht, andere Kurse
- jeden Montag, jeden Dienstag, jeden Mittwoch ist …
- putzen
- Wäsche waschen, trocknen, legen, bügeln etc.
- einkaufen
- Müllentsorgung

Monatlich wiederkehrende Ereignisse:

- Termine, die nicht wöchentlich stattfinden (Therapie, Kieferorthopäde etc.)
- bei Müttern evtl. Zyklusbeschwerden
- eventuell Fensterputzen (vielleicht nicht jeden Monat)

Jährlich wiederkehrende Ereignisse:

- Geburtstage und die dazugehörigen Feiern
- Jahreszeiten und die dazugehörenden Rituale, zum Beispiel:
  - Frühling und Frühlingsputz, erste Ausflüge in die Natur, Beobachten des Wiedererwachens der Natur, gegebenenfalls Saatgut ausbringen etc.
  - Sommer und Schwimmbad oder Meer, Urlaub, große Ferien, viel Zeit draußen verbringen, Beeren-Ernte etc.
  - Herbst und Drachen-steigen-lassen, Basteln mit Blättern, Kernen und Früchten, Laterne-laufen etc.
  - Winter und Rodeln, Schlittschuh- oder Skilaufen, warme Kleidung, heiße Getränke und wärmende Suppen etc.

- Feste und ihre Vorbereitung, zum Beispiel:
  - Weihnachten
  - Silvester
  - Dreikönigsfest
  - Fasching
  - Valentinstag
  - Ostern
  - Johannistag
  - Halloween

Sinnvolle Rituale für die Familie

Die folgenden Rituale haben sich für Familien als besonders günstig erwiesen:

Gemeinsame Mahlzeiten

Mindestens einmal am Tag sollte die Familie zu einer Mahlzeit zusammenkommen. Gemeinsame Mahlzeiten verbinden, weil Sie dadurch mit allen gemeinsam:

- Kraft tanken;
- sich über das Tagesgeschehen austauschen können;
- voneinander erfahren, wie es den anderen geht und was sie beschäftigt;
- miteinander reden und auch streiten üben können;
- regelmäßig Tischsitten einüben;
- gegebenenfalls Neid und Eifersucht erleben und damit umgehen lernen.

Regelmäßige Gespräche

Regelmäßige Gespräche in der Familie sind wichtig. Das wissen Sie, und gleichzeitig kommt es – besonders in stressigen Zeiten – manchmal vor, dass Sie kaum noch dazu kommen, (in Ruhe) miteinander zu reden.

Meistens wird es dann noch stressiger, weil Sie durch die mangelnde Kommunikation Missverständnisse untereinander haben und dadurch noch zusätzlich in Stress geraten. (siehe auch Grundregeln Seite 84f)

Deshalb sollten Sie überlegen, in welcher Form regelmäßige Gespräche in Ihrer Familie stattfinden können. Welche Rituale passen zu Ihnen, mit denen Sie eine Gesprächskultur aufrecht erhalten? Folgende Möglichkeiten werden bereits erfolgreich praktiziert:

- Gespräche bei gemeinsamen Mahlzeiten (möglichst mehrmals am Tag)
- Gespräche mit einzelnen Kindern zu festen Terminen, zum Beispiel:
  - wenn jedes Kind die Mutter / den Vater eine halbe Stunde täglich für sich allein hat
  - wenn ein Kind regelmäßig zu einer bestimmten Zeit allein zu Haus ist
  - wenn Geschwisterkinder schlafen

Gemeinsam zu leben heißt auch gemeinsam zu essen.

- Gespräche der Eltern untereinander ohne die Kinder, zum Beispiel:
  - morgens vor dem Aufstehen
  - wenn die Kinder im Bett sind
  - abends im Bett
  - bei gemeinsamen Spaziergängen
  - bei Telefonaten von der Arbeit (vor dem Nach-Hause-Kommen)
- regelmäßige Gespräche mit allen, zum Beispiel:
  - zu einem festen Termin mindestens einmal in der Woche
  - in einer regelmäßigen Familienkonferenz

Gespräche sind nicht nur dazu da, Probleme zu besprechen. Tauschen Sie sich regelmäßig über Ihre Erlebnisse aus.

Wichtig ist, dass die Gespräche nicht (nur) dazu genutzt werden, Probleme zu besprechen, denn dann haben zumindest die Kinder sehr bald keine Lust mehr auf solche Gespräche. Sie sollten in erster Linie dazu da sein, dass Sie sich gegenseitig erzählen, womit Sie sich beschäftigen, was Ihnen aufgefallen ist, was Sie aneinander gut finden, worüber Sie sich freuen usw. Wenn so ein Klima von Vertrauen geschaffen ist, ist es auch möglich, über schwierigere Situationen zu sprechen und gemeinsam nach Lösungen zu suchen.

Gemeinsame Hausarbeiten

In jedem Haushalt gibt es eine Menge Arbeiten und Tätigkeiten, die nicht an einer Person hängen bleiben sollen. Die Kinder sollen Aufgaben wie Putzen, Kochen, Wäsche waschen auch lernen. Deshalb sollten sie so früh wie möglich in diese Arbeiten mit einbezogen werden. Schon durch Dabeisein, Abgucken und später selbst Ausprobieren lernen sie eine Menge. Grundsätzlich gilt: Alles, was ein Kind schon selbst kann, soll es auch selbst machen. Manchmal fällt es leichter, es schnell selbst zu erledigen, aber das Kind fühlt sich mehr wertgeschätzt, wenn es seine Sache wirklich allein schaffen kann.

Außerdem ist es sehr unbefriedigend, wenn eine Person (meist die Mutter) putzt, kocht, sich abrackert, während die anderen faulenzen und sich ein schönes Leben machen. Deshalb ist es in vielen Familien ein hilfreiches Ritual, einmal in der Woche einen Großteil der Arbeit gemeinsam zu erledigen.

Jeder bekommt eine Aufgabe, die seinen Fähigkeiten (und Neigungen) entspricht, alle arbeiten für eine bestimmte Zeit, und am Ende können sich alle über den gemeinsamen Erfolg freuen.

Ein zusätzlicher Vorteil dieses Rituals liegt darin, dass es sich hierbei oft um Tätigkeiten handelt, die niemand in der Familie wirklich gern tut. Es schafft (belastenden) Stress, wenn Sie diese Arbeiten immer vor sich herschieben. So wird diese Belastung regelmäßig kurzfristig auf alle Schultern der Familie verteilt, Sie spornen sich gegenseitig an, und am Ende sind alle den Stress los.

Sie spornen sich gegenseitig an. Und wenn alle mithelfen, ist die Arbeit nur halb so schlimm.

Feste Zeiten für wiederkehrende Aufgaben

Neben Putz- und Aufräumarbeiten gibt es in jeder Familie eine Reihe von Aufgaben, die regelmäßig wieder erledigt werden müssen: Wäsche, Kochen, Einkaufen usw.

Das Ritual hilft, (auch langweilige) Tätigkeiten regelmäßig zu erledigen.

Wenn diese Tätigkeiten nach einem festen Ritual erledigt werden, brauchen Sie nicht jedes Mal erneut darüber nachzudenken, wann und wie Sie diese (unangenehme) Aufgabe nun mal wieder erledigen. Wenn zum Beispiel immer montags und donnerstags gewaschen, dienstags und freitags eingekauft wird, mittwochs die Fußböden und das Bad sauber gemacht werden, dann ist klar geregelt, wie es geht. Sie schieben keine Aufgabe vor sich her, und Sie haben auch kein schlechtes Gewissen, dass etwas unerledigt liegen bleibt. Sie ersparen sich viel Planung, Ärger und Stress.

Hygiene

Gerade die tägliche Hygiene kann sehr gut in Form von Ritualen erledigt werden. Es ist sehr sinnvoll, hier einen festen Ablauf einzurichten, damit Kinder folgendes früh lernen:

Wenn Hygiene täglich zum Ritual wird, gibt es um dieses Thema keinen Stress mehr.

- Zu welchen Zeiten werden die Zähne geputzt?
- Vor dem Essen Hände waschen nicht vergessen!
- Was gehört zur „Katzenwäsche“?
- An welchen Tagen wird gebadet oder geduscht? Usw.

Je sicherer Sie selbst diese Rituale anwenden und darauf bestehen, dass die Kinder es ebenfalls tun, desto weniger Diskussionen – und eben desto weniger Stress – wird es um diese Selbstverständlichkeiten geben.

Für Eltern – insbesondere Mütter – ist es oft sinnvoll, ein eigenes Ritual für die alltägliche Hygiene zu finden. Gerade wenn die Kinder noch klein sind, haben Mütter manchmal keine Gelegenheit, sich um sich selbst zu kümmern. Dann kann es helfen, sich regelmäßig (eine feste) Zeit zu nehmen, vielleicht zum Duschen, Baden, Eincremen oder sich sonst etwas Gutes zu tun, damit Sie sich auch selbst wohl fühlen.

Regelmäßige Pausen

Weil in den meisten Familien alltäglich so viel Trubel herrscht, kommen Eltern nur selten dazu, wirklich Pausen zu machen. Kinder holen sie sich meistens auf ihre Weise, legen mal ein ruhigeres Spiel ein, wechseln in ihren Aktivitäten, sodass sie immer wieder einen Ausgleich finden.

Auch Eltern haben ein Recht auf Freizeit. Rituale können helfen, sie wirklich zu nutzen.

Damit Sie als Eltern zu all den anstrengenden Tätigkeiten und Gedanken, mit denen sie sich den ganzen Tag lang beschäftigen, einen Ausgleich finden, brauchen Sie regelmäßig Pausen. Wenn Sie dafür Rituale finden, fällt es Ihnen leichter, und die Kinder können die Pausen besser akzeptieren.

Sinnvolle Pausen-Rituale können sein:

- die tägliche Mittagstunde, in der Sie schlafen oder einfach einmal Ruhe haben
- das tägliche Zeitung lesen zu einer bestimmten Zeit
- die Tasse Kaffee zu einer bestimmten Zeit
- der Abend für Sie (oder sogar für beide Eltern zusammen), für einen Sport- oder Saunaabend, für einen Kino- oder Theaterbesuch, zum Essen gehen o. Ä.
- der Samstagvormittag als „Papa-Tag“ usw.

Gute-Nacht-Rituale

Einschlafen ist für viele Kinder ein Problem. Zum Einschlafen müssen wir loslassen: Loslassen von den Alltagsgeschehnissen, von Vertrautem, von den Menschen um uns herum und vom Licht. Die Dunkelheit macht vielleicht Angst, und einige Kinder haben Angst vor dem Alleinsein beim nächtlichen Wieder aufwachen. Deshalb ist es für viele Kinder wichtig, mit einem vertrauten Ablauf ruhig in den Schlaf sinken zu können. Das Ritual beruhigt sie in jeder Hinsicht.

Einschlafen geht leichter, wenn wir in Ruhe und Sicherheit loslassen können.

Folgende Gute-Nacht-Rituale sind besonders geeignet:

- ein Buch lesen
- ein Lied singen
- beten
- eine Spieluhr mit ruhiger Musik spielen lassen
- ein Kuscheltier zur Beruhigung mit ins Bett nehmen
- ein kleines Nachtlicht anlassen

Ungünstig sind alle Rituale, die eher aufregen, wie zum Beispiel Herumtoben oder noch ein (Brett-)Spiel spielen. Das Toben kann vielleicht noch vor dem Lesen oder Singen stattfinden. Allerdings ist die Vorstellung, die Kinder würden sich dabei müde toben, meist ein Trugschluss. Eher kommen sie anschließend noch schwerer zur Ruhe. Danach brauchen sie noch viel Zeit, bis sie tatsächlich einschlafen.

Brettspiele oder auch Kartenspiele sind deshalb ungünstig, weil sie strategisches Denken erfordern und meistens das Ziel haben, dass einer gewinnt und einer verliert. So ein Spiel kann einen Ausgang nehmen, der mit Enttäuschung verbunden ist oder auch mit aufregendem Siegestaumel. Beides sind schlechte Voraussetzungen, um wirklich zur Ruhe zu kommen.

Deshalb eignen sich als Gute-Nacht-Rituale alle Aktivitäten, bei denen Sie als Eltern am Bett des Kindes sitzen (oder auch liegen) und sich das Kind schon einmal in Ihrer Begleitung in seiner Schlafhaltung entspannen kann. Ob Sie dann am Bett bleiben, bis das Kind

ganz eingeschlafen ist, oder es schließlich allein einschläft, das hängt vom Kind, vom Alter, vom Temperament und von den Gepflogenheiten in Ihrer Familie ab.

Rituale für Feste

Wenn Sie die Kinder fragen, welche Feste die schönsten sind, dann nennen sie meist die Feiern, die immer nach dem gleichen Ritual ablaufen. „Und wehe, in diesem Jahr läuft es anders."

Wenn ein Fest ansteht, dann ist das zunächst eine Ausnahme vom Alltag, meistens eine schöne. Aber viele Menschen erleben die Vorbereitung und Durchführung von Festen als enormen Stress. Meistens ist Angst im Spiel, die den Stress verursacht. Vielleicht ist es Ihre Angst, jemanden zu enttäuschen: das Geburtstagskind, die Gäste oder sich selbst. Oder Sie haben Angst vor dem, was während des Festes passiert: Wenn die Großfamilie (ob die echte oder die Wahlfamilie spielt hier keine Rolle) zusammenkommt, geht es ja manchmal auch ans „Eingemachte". Dann kommen Gefühle hoch, die nicht alltäglich sind, mit denen wir nicht routiniert umgehen können. Sie hängen Ihre Ansprüche an das Fest sehr hoch und verdecken die eigentliche Angst mit anderen Herausforderungen, denen Sie gar nicht gewachsen sein können (Essen, Dekoration, Programm etc. – alles muss perfekt sein).

Je mehr Rituale die Feier begleiten, desto weniger Stress werden Sie haben. Sie müssen nicht jedes Jahr etwas Neues aus dem Hut zaubern, um eine noch bessere und spektakulärere Fete zu veranstalten. Die meisten Menschen fühlen sich sowieso wohler, wenn alles nach dem gewohnten und bekannten Plan abläuft.

Einige Fest-Rituale sind kulturell vorgegeben:

- Zum Geburtstag gratuliert man und bringt Geschenke.
- In den meisten Familien gibt es (einen) Geburtstagskuchen.
- Zu den meisten Festen gehört ein (gutes) Essen.
- Zu bestimmten Festen gehören Ansprachen, Spiele oder Tanz.
- Zu Weihnachten geht man vielleicht in die Kirche, isst etwas Gutes und macht eine Bescherung.
- Zu Ostern werden Ostereier gesucht.
- Zum Fasching geht man verkleidet, usw.

Ich will mit dieser Liste nicht das ganze Buch füllen, Ihnen nur einige Hinweise darauf geben, dass die meisten Rituale bereits vorhanden sind. Sie brauchen sie nur noch für Ihre Familie auszugestalten. Sie sind für das „Wie-auch-immer“ zuständig. Und je mehr Sie diese Rituale für Ihre Familie individuell, aber immer wiederkehrend ausgestalten, desto weniger Stress werden Sie in Zukunft mit den Festen haben.

Gerade was Kindergeburtstage anbelangt, können Sie die Rituale auch mit den Kindern gemeinsam entwickeln:

- Machen Sie den Lieblingskuchen zum Geburtstagskuchen.
- Singen Sie immer das gleiche Geburtstagslied.
- Vielleicht gibt es besondere Geburtstagskerzen.
- Lassen Sie das Kind sich ein Kindergeburtstagsessen aussuchen.
- Vielleicht gibt die Jahreszeit bestimmte Geburtstagsrituale vor, usw.

Ihrer Fantasie sind hier keine Grenzen gesetzt. Merken Sie sich, wenn die Kinder klein sind, was gut ankommt, und machen es zum Familienritual. Das gilt für alle anderen Feste genauso.

Urlaub

Mit dem immer wieder besuchten Urlaubsort verbinden sich viele Familien- und Kindheitserinnerungen.

Viele Familien erleben es als günstig, sich einen Urlaubsort zu suchen, den Sie immer (mal) wieder ansteuern können. Das erleichtert die Organisation, weil Sie den Vermieter oder die Reiseagentur bereits kennen. Alle Familienmitglieder freuen sich schon vorher, weil sie bereits die Gegend kennen und wissen, was man dort machen kann. Sie können gleich vom ersten Tag an Urlaub machen, ohne sich lange neu orientieren zu müssen. Sie wissen, wo welche Geschäfte sind, was Sie dort brauchen usw.

Wenn die Kinder größer werden, ist es gut möglich, auch neue Urlaubsziele auszuprobieren, aber solange der Alltag mit kleinen Kindern das ganze Jahr über so anstrengend ist, ersparen Sie sich eventuell viel Stress, wenn Sie für „die schönste Zeit des Jahres“ keine riskanten Experimente wagen.

Viele Jahre später sagen dann viele Kinder: „Als ich klein war, waren wir immer in Dänemark (oder wo immer Sie regelmäßig hingefahren sind), und da konnte man …"

Alltagsplanung

Mit einer Planung des Alltags können Sie sich viel Stress ersparen. Viele Eltern scheuen sich zunächst vor Plänen. Sie fürchten, das bräuchte noch mehr von der ohnehin knappen Zeit und würde nur dazu führen, dass man sich entweder einengt oder zu Überforderung neigen könnte.

Planung als Ritual ist Übung. Mit dieser Übung gelingt es Ihnen immer besser, den Überblick zu behalten.

Wer jedoch Planung als ein Ritual in den Alltag integriert, wird lernen, die alltäglichen Abläufe besser zu überblicken.

Die Vorteile sind:

- Die Planung gehört selbstverständlich zum Alltag.
- Die Planung geht mit der Zeit immer schneller.
- Sie lernen realistisch zu planen, was Sie sich tagtäglich vornehmen können.
- Sie bekommen ein Gefühl dafür, welcher Plan aufgeht und welcher Plan von vornherein eine Überforderung ist.
- Sie merken früher, ob und wann Sie Hilfe benötigen.
- Das Beste ist: Wenn tatsächlich einmal viel Stress auf dem Programm steht, können Sie sich innerlich darauf einstellen und schon vorher einplanen, wann und wie Sie sich anschließend wieder entspannen.

Jeder Mensch braucht (auch) ein eigenes Leben

Wer sich selbst ganz und gar für die Familie „aufopfert", wird – im wahrsten Sinne des Wortes – zum Opfer des Familienstresses.

Viele Eltern, insbesondere Mütter, leben nur noch für die Kinder, für den Partner, für den Job, für den Haushalt, für die Verwandten, manchmal auch für Freunde oder Nachbarn. Sie vergessen dabei ganz und gar, dass sie auch eigene Bedürfnisse haben, dass sie selbst auch Bereiche brauchen, in denen sie ganz sie selbst sein können. Die Anforderungen des Familienalltags sind so vielfältig und oft überfordernd, dass sie bei sich selbst zuerst Abstriche machen. Meistens geschieht das unbewusst und wird erst deutlich, wenn eine totale Erschöpfung eintritt.

Um es nicht so weit kommen zu lassen, sollten sie regelmäßig:

- Zeit für sich ganz allein haben;
- einen Raum für sich ganz allein haben (das muss nicht zwangsläufig ein Wohnraum sein);
- ein Hobby für sich ganz allein haben und auch
- eigene Freundschaften pflegen.

In den eigenen Bereichen können Sie auftanken, Ausgleich finden und vor allem auch kontrollierbaren Stress erleben. Das übt gleichzeitig für all die schwierigen Situationen des Alltags.

Auch Kinder brauchen dieses Stück eigenes Leben. Wenn sie mit zunehmendem Alter die Möglichkeit haben, eigene Fähigkeiten zu entwickeln und zu kultivieren, bekommen sie dadurch Selbstbewusstsein und Vertrauen in die eigenen Stärken.

Körper, Geist und Seele gehören zusammen und beeinflussen sich gegenseitig

Wenn der Stress unkontrollierbar wird, dann ist der gesamte Mensch daran beteiligt:

- Der Körper ist angespannt.
- Der Geist kreist in Form von Gedanken um verschiedene Lösungsmöglichkeiten.
- Die Seele ist von der Angst besessen, die Aufgaben, die an uns gestellt sind, nicht erfüllen zu können.

Wenn wir an einer Stelle ansetzen und etwas verändern, hat dies immer auch Auswirkungen auf die anderen Bereiche unserer Persönlichkeit.

Das heißt, wir können uns dem Stress nähern, indem wir:

- den Körper trainieren, uns seiner Fähigkeiten bewusst werden und lernen, welche Mischung aus Anspannung und Entspannung wir persönlich brauchen;
- den Geist nähren mit vielfältigen unterschiedlichen Beschäftigungen des Gehirns: Informationsverarbeitung und kognitives Lernen sind hier nur ein kleiner Ausschnitt neben musikalischen, künstlerischen und spirituellen Erfahrungen;
- uns mit unseren Ängsten beschäftigen und lernen, besser mit ihnen umzugehen.

Körperarbeit

Ein gesunder und kräftiger Körper hilft Ihnen bei einer effektiven Stressbewältigung. Dazu bedarf es auf der einen Seite der Anspannung, Kräftigung, Ausdauer und Kondition. Auf der anderen Seite benötigen Sie aber ebenso Ruhephasen und Entspannung, die den alltäglichen Stress auf allen Ebenen ausgleichen. Gerade bei Menschen, die sich sehr gestresst fühlen, kommen Entspannung und ausgleichende Ruhe häufig zu kurz. Die aus dem Dauerstress entstehende Dauerspannung erschwert das Abschalten: Sobald Sie sich hinlegen, sausen Ihnen gleich Gedanken durch den Kopf, Ihnen fällt (wieder) ein, was Sie noch alles zu tun haben. Diese Gedanken erzeugen noch mehr Stress, und Sie geben schnell wieder auf, weil Sie ja sowieso nicht abschalten können und die (schöne) Zeit auch zur Erledigung der vielen Aufgaben nutzen können. Also schwingen Sie sich wieder auf und rennen weiter in Ihrem Hamsterrad …

Wenn Sie hier noch einmal an die Schaukel denken, dann wird schnell klar, was passiert: Sie schaukeln immer kräftig in Richtung Stress und Aktivität, holen aber nicht mehr Schwung aus dem anderen Pol, der Entspannung. Dabei kommt entweder die Schaukel über kurz oder lang zum Stehen, weil sie keinen Schwung mehr hat, oder Sie brauchen ein Hilfsmittel, das Sie jedes Mal in der Mitte stoppt und wieder in die gleiche Richtung schubst. Beide Varianten sind von den meisten Menschen nicht gewünscht.

Deshalb ist es auf jeden Fall günstig, wenn Sie eine Kultur entwickeln, die sowohl Spannung wie Entspannung berücksichtigt. Dann bleibt es ein munteres Schwingen in beide Richtungen.

Training, Ausdauer, Kräftigung

Im anstrengenden Familienalltag haben Sie manchmal ein gewisses „Training" ganz nebenbei. Vielleicht machen Sie viele Wege mit dem Kinderwagen zu Fuß oder Sie fahren im Zuge Ihrer Alltagserledigungen oft mit dem Fahrrad. Vielleicht bewegen Sie sich viel bei Haus- und Gartenarbeit oder beim Spielen mit den Kindern. In bestimmten Phasen haben Eltern keinen Bedarf an zusätzlichem Training.

Aber die Errungenschaften der Zivilisation haben uns viele Arbeiten erleichtert, und wir sparen bei alltäglichen Arbeiten immer mehr an Bewegung und Energie ein:

- Wir haben Waschmaschinen, Trockner, Spülmaschinen, Staubsauger, elektrische Rasenmäher und viele weitere Maschinen, die uns viel Energie einsparen.

- Wir fahren immer öfter Strecken mit dem Auto, die wir auch zu Fuß oder mit dem Fahrrad zurücklegen könnten.
- Wir lassen schwere Arbeiten wie Putzen oder Gartenarbeit von anderen erledigen.
- Telefon, Fax, Internet und moderne Technologien ermöglichen uns jegliche Kommunikation, ohne uns vom Fleck bewegen zu müssen.
- Immer mehr Menschen haben ihren Arbeitsplatz sogar zu Hause.

Der Zuwachs an so genannten Zivilisationskrankheiten ist nach Ansicht der Ärzte eindeutig auf den zunehmenden Bewegungsmangel der Menschen zurückzuführen. Untersuchungen zeigen immer wieder, dass Menschen, die sich viel bewegen, die Ausdauer- und Konditionstraining machen, insgesamt belastbarer sind und sogar eine höhere Lebenserwartung haben als Menschen, die sich weniger bewegen.

Deshalb wird es immer wichtiger, dass Sie regelmäßig für Bewegung und Ausdauertraining sorgen, wenn Sie ein solches nicht schon durch Ihre Alltagsbeschäftigungen absolvieren. Sie haben hier vielfältige Möglichkeiten des Trainings, die in den folgenden Kapiteln etwas ausführlicher beschrieben werden.

Zuvor aber noch einige allgemeine Hinweise:

Frauen sollen für jedes Ausdauertraining nach der Geburt zunächst die Rückbildung erfolgreich abgeschlossen haben. Das bedeutet, dass der Beckenboden auch in angespannten Haltungen und Bewegungen angespannt bleibt und seine Haltefunktionen erfüllt. Ist dies nicht der Fall, sollten Sie zunächst ein intensives Beckenbodentraining absolvieren, um Inkontinenzprobleme zu vermeiden!

Ob Sie allein oder mit anderen trainieren, müssen Sie selbst entscheiden. Manche Menschen brauchen den Ansporn der „Kollegen" oder einen festen Termin, weil sie sich selbst nur schwer aufraffen können. Andere laufen, schwimmen oder trainieren lieber allein, weil sie sich durch das Tempo der anderen oder durch die Gespräche abgelenkt fühlen. Die Erfahrungen zeigen, dass Sie in jedem Fall eine eigene Disziplin aufbauen sollten, denn wenn jeder sich auf den anderen verlässt, sind die guten Vorsätze meistens sehr bald wieder vergessen. Wenn Sie mit anderen trainieren, sollten Sie sich immer vorher fragen, was passieren würde, wenn die anderen einmal nicht könnten. Wenn Sie allein trainieren, haben Sie es leichter, wenn Ihr Training zum Ritual wird und Sie immer zur gleichen Zeit losgehen.

Für den Organismus ist eine Trainingszeit von einer halben Stunde – etwa an jedem zweiten Tag – bereits ausreichend. Sie sollten dabei darauf achten, dass Ihr Puls nicht zu sehr in die Höhe getrieben wird. Ein Puls von „180 minus Lebensalter" Schlägen / Minute ist optimal für den Kreislauf und die Fettverbrennung – also mit 30 Jahren 150 / min, mit 40 Jahren 140 / min usw. Sie müssen sich also nicht vollends verausgaben, sondern einfach nur Ihren eigenen optimalen Rhythmus herausfinden. Wie schnell Sie dabei schwimmen, Rad fahren, gehen oder laufen, ist vollkommen unerheblich!

Ob Sie morgens, tagsüber oder am Abend trainieren, hängt vielleicht von Ihrer persönlichen Alltagsorganisation ab oder von Ihren persönlichen Erfahrungen und Vorlieben. Manche Leute sagen, dass der Sport am Abend die Möglichkeit biete, den Stress des Tages abzuschütteln. Andere sagen, der Sport am Morgen bringt den Organismus in Schwung, und die positiven Auswirkungen bleiben Ihnen den ganzen Tag lang erhalten. Wenn Sie die Wahl haben, probieren Sie es einfach aus, welche Variante für Sie am besten ist.

Wenn Sie bisher untrainiert sind, sollten Sie auf jeden Fall mit Ihrem Arzt darüber sprechen, welche Art von Training er Ihnen empfiehlt, und welcher Einstieg in das Training für Sie am geeignetsten ist!

Jogging, Walking

Laufsportarten bieten eine hervorragende Möglichkeit zum Trainieren. Ob Sie den Dauerlauf – das Joggen – oder den zügigen Gang – das Walken – bevorzugen, ist zunächst einmal Geschmackssache. Allerdings sollten Sie wissen, dass Walking gelenkschonender ist, weil die Erschütterungen im Körper geringer sind. Deshalb sollten Menschen, die Probleme mit den Gelenken haben oder die etwas schwerer und noch nicht so sehr trainiert sind, erst einmal mit dem Walken beginnen.

Dreimal in der Woche eine halbe Stunde Laufen ist schon ein sehr gutes Training.

Die Vorteile dieses Bewegungstrainings liegen auf der Hand:

- Sie finden quasi überall eine Laufstrecke in Ihrer Nähe.
- Es kostet kein Geld.
- Es ist ein hervorragendes Herz-Kreislauf-Training.
- Sie kräftigen die Muskulatur des ganzen Körpers, insbesondere der Beine und des Unterkörpers. Damit schaffen Sie sich eine starke Basis.

- Mit dem Training verbrauchen Sie nicht nur zusätzliche Kalorien. Auch Kopfschmerzen, Verdauungsprobleme und allgemeine Kreislaufbeschwerden werden erheblich eingeschränkt.
- Sogar depressive Verstimmungen und Angstzustände lassen sich durch Lauftraining lindern oder in den Griff bekommen.
- An der frischen Luft tanken Sie Sauerstoff und werden widerstandsfähiger gegen Infektionen.
- Die Monotonie der Bewegungen erlaubt Ihnen, den Gedanken freien Lauf zu lassen.
- Sie können sich Ihre Laufzeiten individuell selbst einrichten, sind nicht von festgesetzten Trainingszeiten abhängig.
- Sie können allein oder mit anderen laufen.
- Für die Zeit des Lauftrainings laufen Sie dem anstrengenden Familienalltag – im wahrsten Sinne des Wortes – für eine Zeit lang davon.

Wenn Sie in Wintersportgebieten leben oder dort Ihren Urlaub verbringen, gilt all dies übrigens auch für den **Skilanglauf**.

Schwimmen

Schwimmen entspannt und kräftigt zugleich.

Ein anderes hervorragendes Training ist das Schwimmen. Wenn Sie ein Schwimmbad in Ihrer Nähe haben oder im Sommer vielleicht sogar einen See oder das Meer, haben Sie vielleicht Lust, regelmäßig schwimmen zu gehen.

Die Vorteile des Schwimmens sind überzeugend:

- Im Wasser ist die Schwerkraft aufgehoben, der Körper fühlt sich wesentlich leichter an.
- Schwerere Menschen oder solche, die Probleme mit den Gelenken haben, können im Wasser ihre Gelenke schonen und sich trotzdem ausgiebig bewegen.
- Menschen mit Rückenproblemen leiden nicht an den Erschütterungen, denen der Rücken beim Laufen, Springen oder Radfahren ausgesetzt ist.

- Die Muskulatur des ganzen Körpers ist an den Bewegungen beteiligt.
- Verschiedene Schwimmstile ermöglichen ein Schwerpunkttraining bestimmter Muskelgruppen.
- Durch die Bewegung und die Wassertemperatur wird der Kreislauf angeregt. Ein zügiger Schwimmstil ist so auch ein sinnvolles Kreislauftraining.
- Wasser ist ein kräftigendes und beruhigendes Element. Bereits die Geräusche, die Sie beim Schwimmen wahrnehmen, das Plätschern und Glucksen des Wassers in Bewegung, haben eine positive Wirkung auf den Menschen.

Radfahren

Das Radfahren ist eine gute Möglichkeit, um sich fit zu halten. Sie können diesen Sport auf einem „richtigen" Fahrrad in der freien Natur ausüben oder aber – wenn Sie schlechtes Wetter, winterliche Straßenverhältnisse oder die Stadtluft scheuen – auf einem Hometrainer zu Hause oder in einem Studio trainieren.

Radfahren ist ein hervorragendes Ausdauertraining. Wenn Sie Ihre täglichen Wege mit dem Fahrrad zurücklegen, trainieren Sie „ganz nebenbei".

Das Radfahren hat quasi alle Vorteile, die Ihnen auch das Lauftraining bietet. Nur können Sie dabei Ihre Gelenke und den Rücken eher schonen. Wer an diesen Stellen bereits zu Problemen neigt, sollte auf eine gute Federung des Rades achten und allzu holprige Wege meiden.

Das Radfahren kann ein gutes Training sein, um dem anstrengenden Familienalltag zu entfliehen und sich gleichzeitig fit zu halten. Morgens, nachmittags oder abends fahren Sie los und schalten einfach mal ab. Sie können es aber auch als Training „ganz nebenbei" ausüben, indem Sie alle Wege, die Sie im Alltag zurücklegen müssen, mit dem Rad fahren. Die meisten Wege sind nicht so weit, dass sie nicht mit dem Fahrrad zurückgelegt werden könnten. Gerade innerhalb der Ortschaften sind Sie mit dem Rad nur selten langsamer als mit dem Auto, haben keine Parkplatzprobleme, und solange Sie nicht zum Großeinkauf unterwegs sind, lassen sich die meisten „Gepäckstücke" mühelos transportieren. Obendrein schonen Sie die Umwelt und tun regelmäßig etwas für Ihre Gesundheit.

Fitness

Fitness ist im Trend. Es gibt kaum Orte, an denen noch kein Fitness-Studio zu finden wäre. Hier haben Sie die Möglichkeit, unter Anleitung von Fachpersonal an verschiedenen Geräten zu üben und zu trainieren. Das hat den Vorteil, dass Sie viele verschiedene Muskelgruppen gezielt trainieren können. In guten Studios wird mit Ihnen ein individuelles Trainingsprogramm erarbeitet, das Sie dann selbstständig zu Ihren eigenen Zeiten absolvieren können. Es sollte immer ein ausgebildeter Trainer oder eine Trainerin anwesend sein, an die Sie sich wenden können, wenn Sie Fragen haben, wenn Sie eine Übung vergessen haben, wenn Sie das Gefühl haben, eine Übung nicht richtig zu machen oder dass sie Ihnen eigentlich nicht gut tut.

In vielen Fitness-Studios werden Kurse mit Kinderbetreuung angeboten. Das ist eine gute Möglichkeit für Eltern, Sport und Kontakte zu anderen Eltern miteinander zu verbinden.

In den meisten Studios gibt es die Möglichkeit:

- an festen Kursen teilzunehmen;
- das eigene individuelle Trainingsprogramm in Eigenregie zu absolvieren;
- eine Sauna (und manchmal auch ein Schwimmbad) mitzubenutzen;
- Kinderbetreuung neben bestimmten Kursangeboten in Anspruch zu nehmen.

Die Praxis zeigt, dass viele Menschen sich euphorisch in einem Fitness-Studio anmelden und am Anfang ein Maximum an Angeboten in Anspruch nehmen (wollen). Nach und nach ebbt die Begeisterung ab. Viele übernehmen sich zu Beginn mit ihrem Programm und sind enttäuscht, dass sie es nicht so schaffen, wie sie es sich ursprünglich vorgestellt haben. Manche merken dabei auch, dass sie nicht mehr so fit sind, wie sie eigentlich dachten, und geben aus Frustration wieder auf.

In diese Falle sollten Sie nicht tappen. Vielmehr sollten Sie, wenn Sie sich für ein Fitness-Studio interessieren, langsam anfangen und sich vornehmen, Ihre Leistung zu steigern. Dann haben Sie eher die Chance, Ihre selbst gesteckten Ziele zu erreichen.

Einzelne Fitnessgeräte ermöglichen auch zu Hause ein Ganzkörpertraining. Dazu gehören zum Beispiel das Rudergerät und der Stepper. Wer also den Gang ins Fitnessstudio scheut, kann auch hier unbeobachtet und ungestört trainieren. Sie sollten dabei genau die Bedienungsanleitung und Anwendungshinweise beachten. Fangen Sie bei solchen Geräten mit einem behutsamen Training an und steigern Sie langsam das Pensum. Trainieren Sie regelmäßig zu festen Zeiten, damit das Training ein fester Bestandteil Ihres Wochenplans wird und bleibt.

10 Minuten Trampolinspringen bringt für den Organismus genauso viel wie 25 Minuten Jogging.

Seilspringen, Trampolin etc.

Seilspringen oder Trampolinspringen sind genauso schöne Übungen für zu Hause. Damit sind Sie unabhängig von Zeiten und vom Wetter und können Ihr eigenes Trainingsprogramm entwickeln.

Auch das Springen ist ein Sport, der den ganzen Körper fordert. Das Trampolin federt die Erschütterungen etwas ab und ist deshalb gelenk- und rückenschonender als das Seilspringen.

Das Springen hat neben dem Kreislauf- und Muskeltraining ganz besondere Wirkungen auf das Gemüt. Forschungen belegen, dass depressive Gefühle und Stimmungen beim Springen nicht aufrechterhalten werden können. Probieren Sie es einmal aus: Springen Sie mit einem Seil oder auf dem Trampolin, mindestens 10 Minuten lang. Sie werden es nicht schaffen, dabei traurig zu sein. Im Gegenteil, das Springen macht heiter und vermittelt Ihnen eine ruhige Gelassenheit.

Achten Sie jedoch auf einen guten Muskeltonus, besonders im Beckenboden. Die senkrechten Bewegungen belasten bei jedem Sprung die Muskulatur, und das kann bei Frauen u.U. nachgeburtliche Beckenbodenprobleme noch verstärken. Spannen Sie also zunächst den Beckenboden an und halten Sie die Spannung während des Springens. Wenn dies schwer fällt, sollten Sie zunächst ein Beckenbodentraining einlegen, um sich langfristig Inkontinenzprobleme zu ersparen.

Breiten- und Mannschaftssportarten
Neben all diesen – für den Stressabbau besonders geeigneten – Disziplinen können Sie sich natürlich auch in allen anderen Sportarten betätigen. Wenn Sie einen Mannschaftssport oder Leichtathletik betreiben, Tennis spielen, reiten oder was auch immer, dann sind diese Sportarten selbstverständlich genauso geeignet, Ihren Körper zu trainieren und damit einen Ausgleich zum Alltag zu finden. Für manch eine Mutter oder einen Vater wird auf diese Weise gleichzeitig das Kontaktbedürfnis zu anderen Erwachsenen befriedigt, denn insbesondere wenn die Kinder noch klein sind, haben Sie nur wenig Kontakte zu anderen Menschen, mit denen Sie auf einer Ebene kommunizieren können. Der Alltag mit Kindern mag ja schön sein, aber hin und wieder einen ganzen Satz zur Antwort zu bekommen, ist doch eine Wohltat.

Finden Sie heraus, welche Sportart für Sie persönlich am besten geeignet ist, damit Sie fit bleiben, Ihren Körper trainieren und auf diese Weise Ihre allgemeine Kondition verbessern.

Entspannung

Machen Sie die Erholung nicht zum Stress!

Im turbulenten Familienalltag ist es enorm wichtig, dass Sie sich regelmäßig Zeit nehmen, um zu entspannen. Wenn Sie sich noch einmal vor Augen führen, wie die Schaukel immer hin- und herschwingt, (siehe Seite 22f), wird schnell klar, dass Sie aus der Entspannung den Schwung holen, um auch all die spannenden Momente mit Kraft und Elan bewältigen zu können. Die spannenden Herausforderungen brauchen Sie nicht heraufzubeschwören, die stellen sich tagtäglichein, ob Sie sie einplanen oder nicht. Die Langeweile oder Entspannung jedoch kommt nur selten von allein. Deshalb sollte es regelmäßig Phasen der Ruhe und Entspannung geben – für alle Familienmitglieder übrigens.

Bei vielen Eltern geht es dabei in erster Linie nicht nur darum, tatsächlich zu entspannen, sondern zunächst einmal darum, die Entspannung überhaupt (wieder) zu üben. Diejenigen, die sich oft sehr

gestresst fühlen, haben meistens große Schwierigkeiten damit, abzuschalten. Sobald der Körper zur Ruhe kommt, flitzen die Gedanken durch den Kopf, melden sich Sorgen und Ängste wieder, entsteht eine Unruhe, die kaum auszuhalten ist. Viele springen dann wieder auf und erledigen das, was ihnen gerade wieder eingefallen ist. Oder sie beschäftigen sich mehr oder weniger wahllos mit der nächsten Sache, nur um vor der nervösen Unruhe im Ruhezustand zu entfliehen. Wenn Sie diesen Zustand kennen, schauen Sie sich noch einmal die Tabelle auf Seite 21 an. Auf dem Weg zum „Burn-out" gehören Sie dann wahrscheinlich zu den „Angezündeten" oder sogar den „Entflammten". In so einem Fall ist es höchste Zeit, sich um Entspannung zu bemühen.

Zunächst hier noch einige grundsätzliche Hinweise.

„Jetzt zum Sport, dann in die Sauna, danach schnell zur Kosmetikerin, dann kann ich auf dem Rückweg noch schnell einkaufen und rechtzeitig Mittagessen kochen." Manchmal passiert es im Eifer des Gefechts, dass selbst Erholung zum Stress wird. Von solch einer Hektik haben Sie nichts, auch wenn der Besuch in der Sauna und bei der Kosmetikerin doch der Erholung dienen sollte. Im Gegenteil, der Effekt der Entspannung kann gar nicht eintreten, weil Sie in Gedanken von dem völlig überfrachteten Plan gar nicht loslassen können.

Erholung und Entspannung brauchen Zeit.

Eine „Blitz-Erholung" bringt Ihnen deshalb nichts, weil ein echter Entspannungsprozess immer in drei Phasen verläuft: Distanzierung → Erholung → Neuorientierung.

Das bedeutet, dass Sie sich zunächst einmal innerlich (und vielleicht auch äußerlich) von dem entfernen müssen, wovon Sie sich erholen wollen. Sie können sich nicht wirklich erholen, solange die Gedanken noch immer um das kreisen, was Sie sowieso den ganzen Tag beschäftigt. Erst wenn Sie dies alles loslassen, kommt die eigentliche Erholungsphase, die Entspannung kann sich breit machen. Sie können das Nichts-tun-müssen und Nichts-denken-müssen genießen und auch die Muskulatur loslassen, die in den Stresssituationen ständig in Alarmbereitschaft ist. Bevor Sie dann wieder in die nächste Aufgabe starten, müssen Sie sich innerlich vorbereiten, neu orientieren, sich ansehen, was jetzt ansteht. Dazu spannen Sie sich so weit wieder an, wie es zu der Bewältigung der neuen Herausforderungen notwendig ist. Erst dann können Sie Ihre Arbeit wieder aufnehmen und werden mit neuem Elan die nächsten Aufgaben erledigen.

Natürlich ist es im Familienalltag oft so turbulent, dass der Gedanke an eine Ruhe-Insel fast absurd erscheint. Aber es ist enorm hilfreich zu lernen, selbst in chaotischen Situationen ruhig, gelassen und entspannt zu bleiben. Dies ist um so leichter, wenn Sie eine Ruhe-Insel haben und dort auch regelmäßig ausruhen. Dies gilt sowohl räumlich als auch zeitlich. Sie sollten sich einen Ort schaffen, an dem Sie regelmäßig ungestört sein können. Da es in den meisten Familien nicht möglich ist, dafür einen Extra-Raum zu gestalten, kann es auch sein, dass ein bestimmter Ort in der Wohnung zu einer bestimmten Zeit einfach Ihre Ruhe-Insel ist. Vielleicht gehört das Sofa von 14 bis 15 Uhr nur Ihnen, oder das Schlafzimmer wird zu bestimmten Zeiten zum Meditationsraum. Probieren Sie es aus, wann und wo es für Sie eine solche Ruhe-Insel geben kann.

Pausen

In jedem Familienalltag sollte es Pausen geben, in denen alle sich erholen können.

Berufstätige Elternteile brauchen sie wahrscheinlich, wenn sie von der Arbeit nach Hause kommen. Auch wenn manch eine Mutter oder

auch ein Vater das Gefühl haben, der Job sei quasi eine Oase im Vergleich zu dem Trubel in der Familie, so dürfen Sie nicht vergessen, dass Sie auch im Job Stresssituationen ausgesetzt sind, von denen Sie sich in irgendeiner Weise auch erholen müssen.

Eltern, die tagsüber zu Hause sind, brauchen mindestens eine Pause nach dem Mittagessen. Und auch Kinder brauchen Phasen der Ruhe im Tagesablauf, in denen sie, wenn sie älter sind, vielleicht nicht mehr schlafen, sich aber doch mit ruhigeren Dingen beschäftigen.

Versuchen Sie, regelmäßig Pausen zu machen. Je mehr diese ritualisiert sind, desto eher haben Sie die Gewähr, dass Sie sie auch tatsächlich einlegen. Außerdem bekommen Sie durch die Regelmäßigkeit Übung und können schneller abschalten und sich wirklich erholen. Denken Sie daran, genügend Zeit einzuplanen und den Übergang zu gestalten.

Achten Sie auch auf Ihre persönliche Leistungskurve. Bei den meisten Menschen verläuft die durchschnittliche Biorhythmuskurve folgendermaßen:

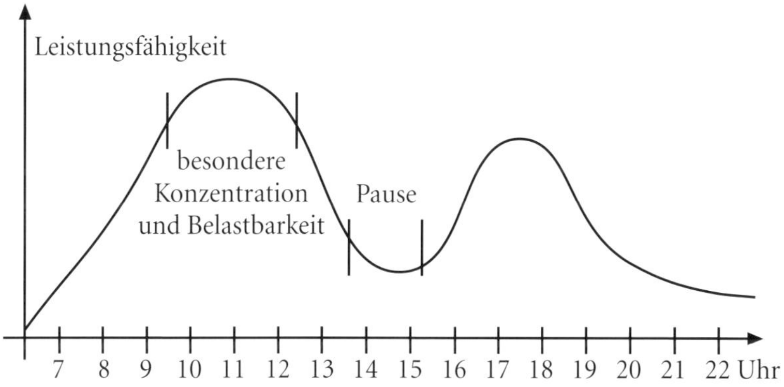

Sicherlich gibt es hier individuelle Unterschiede, aber bei den meisten Menschen stellt sich die Leistungskurve ungefähr so dar. Das bedeutet, dass Sie wichtige Arbeiten, bei denen Sie sich sehr konzentrieren müssen, am ehesten in den Vormittagsstunden erledigen können. Am

Finden Sie heraus, wie Ihre persönliche Leistungskurve aussieht, um die beste Zeit für Ihre persönlichen Pausen herauszufinden.

besten geht dies, wenn Sie sich in dieser Zeit nicht stören lassen. Nach dem Mittagessen haben die meisten Menschen ihren Tiefpunkt und können in dieser Zeit sowieso nicht viel erledigen. Sie verpassen also nichts, wenn Sie mittags eine Pause einlegen. Je mehr Sie in dieser Zeit neue Kraft schöpfen, desto leistungsfähiger werden Sie am Nachmittag noch einmal. Dann haben Sie noch eine zweite Phase, in der Sie besonders leistungsfähig, wach und konzentrationsfähig sind. Gegen Abend bauen die meisten Menschen immer mehr ab. Feierabend ist angesagt, Entspannung vom Tag. Manche Menschen bekommen nach der Abendtiefphase noch eine dritte Hochphase. Diese Menschen werden im Volksmund Nachtmenschen genannt. Sie laufen am Abend noch einmal zu Hochtouren auf und können jetzt noch wichtige Dinge erledigen. Auf die Dauer ist es für solche Menschen besonders wichtig, in den Tiefphasen echte Tankpausen einzulegen, denn sonst bekommen sie auf lange Sicht nicht genügend Schlaf und neigen zu Erschöpfung aufgrund mangelnder Entspannungsphasen.

Autogenes Training und andere Entspannungstechniken

Es gibt verschiedene Entspannungstechniken, die sehr hilfreich sein können, wenn Sie oft unter Stress leiden und nur schwer abschalten können. Diese Techniken helfen dabei, die Spannungen im Körper zunächst einmal zu spüren, um sie dann loslassen zu können. Die verschiedenen Techniken können Sie in Kursen in Erwachsenenbildungseinrichtungen und bei manchen Ärzten oder Psychologen in der Praxis erlernen. Auch Bücher und CDs werden angeboten, mit denen Sie solche Techniken lernen und praktizieren können. Die meisten Menschen lernen aber besser im direkten Kontakt mit einem Lehrer. Es gibt eine Vielzahl verschiedener Richtungen und Trainings, die ich aufgrund ständig neuer Techniken hier nicht vollständig erwähnen kann. Hier nur einige der bekanntesten Entspannungstechniken:

- Autogenes Training (AT)
- Entspannung nach Jacobson
- Meditation
- Traumreisen

- Neurolinguistisches Programmieren (NLP)
- Mentaltraining
- Hypnose und Selbsthypnose

Je besser Sie eine Technik beherrschen, desto eher können Sie sie schnell auch in Situationen zum Einsatz bringen, in denen Sie sehr gestresst sind.

Wenn Sie eine Technik bei einem Lehrer oder einer Lehrerin erlernt haben, sollten Sie sie regelmäßig praktizieren. „Übung macht den Meister" gilt gerade bei Entspannungsübungen. Auch die Entspannung kann über das Üben regelrecht automatisiert werden. Sie brauchen dann nur noch eine Formel oder einen inneren Impuls, und die Entspannung kommt von allein.

Yoga und andere kräftigende Entspannungsmethoden

Neben den reinen Entspannungsübungen gibt es eine Reihe von Methoden, die die Entspannung fördern und gleichermaßen auch das Bewusstsein, die Bewegung und die Muskulatur trainieren. Einige fernöstliche Traditionen, die inzwischen durch westliche Einflüsse verändert oder ergänzt bei uns angeboten werden, eignen sich hervorragend zum Stressabbau und zur Stressprophylaxe. Dazu gehören zum Beispiel:

- Yoga
- T'ai Chi
- Qi Gong
- Neuromuskuläre integrative Aktion (NIA)
- Kinesiologie und auch
- die Praxis einiger Kampfsportarten

Bei diesen Disziplinen geht es darum, in der Bewegung oder in der Spannung zu entspannen. Die Übungen fordern – im Einklang mit dem Atem – den Körper und das Bewusstsein und schulen so die Konzentration. Neben Atemübungen wird durch Muskelarbeit der Stoffwechsel angeregt und die anschließende Entspannung vertieft.

Mit Hilfe dieser Übungen können Sie:

Sie lernen bei diesen Übungen locker zu bleiben, gerade wenn es besonders spannend (im wahrsten und weitesten Sinne des Wortes) ist.

- Ihre allgemeine Verfassung verbessern;
- sich und Ihre Leistungsfähigkeit besser kennen lernen;
- verborgene Kräfte mobilisieren;
- Spannungen und Nervosität abbauen;
- Zusammenhänge zwischen Körper, Geist und Seele erkennen;
- Ihre Flexibilität erweitern;
- sich im Alltag besser kontrollieren, wenn Stress angesagt ist.

Massagen und therapeutische Anwendungen

Wenn Spannungen oder gar Verspannungen so manifest geworden sind, dass sie sich durch bewusstes Loslassen(-wollen) nicht mehr lösen lassen, sind Massagen eine wohltuende Möglichkeit der Lockerung. Das können medizinische Massagen sein oder auch fernöstlich orientierte Behandlungen wie zum Beispiel das Reiki. Krankengymnastik oder medizinische Bäder können ebenfalls bei bestimmten dauerhaften Spannungszuständen helfen. Wenn Sie Glück haben, bekommen Sie eine Reihe von Anwendungen von Ihrem Arzt oder Ihrer Ärztin verschrieben, dann haben Sie nur eine geringe Zuzahlung.

Eine andere Möglichkeit ist, dass Sie sich privat im Freundeskreis gegenseitige Massagen organisieren. Auch mit (etwas größeren) Kindern ist dies manchmal möglich und kann viel Spaß machen. Bei den „selbst gemachten" Massagen gilt eine wichtige Regel: **Was Ihnen gut tut, kann nicht verkehrt sein.**

Achten Sie deshalb darauf, wie Sie sich fühlen. Wenn Sie sich mit anderen gegenseitig massieren, gehen Sie behutsam vor und fragen Sie immer wieder nach, wie es dem anderen dabei geht. Besonders bei Massagen mit Kindern ist es wichtig, dass Sie die Grenzen der Kinder nicht überschreiten, sondern nur das tun, was allen Spaß macht und gut tut.

Körperpflege

Wie Sie sich pflegen, so fühlen Sie sich.

Die Pflege des eigenen Körpers trägt entscheidend zu Ihrer Entspannung und Ihrem Wohlbefinden bei. Es geht dabei nicht nur um das Waschen und Sauberhalten des Körpers. Nehmen Sie die Zeit und die Aufmerksamkeit, die Sie ihrem Körper widmen, als Zeit, in der Sie sich

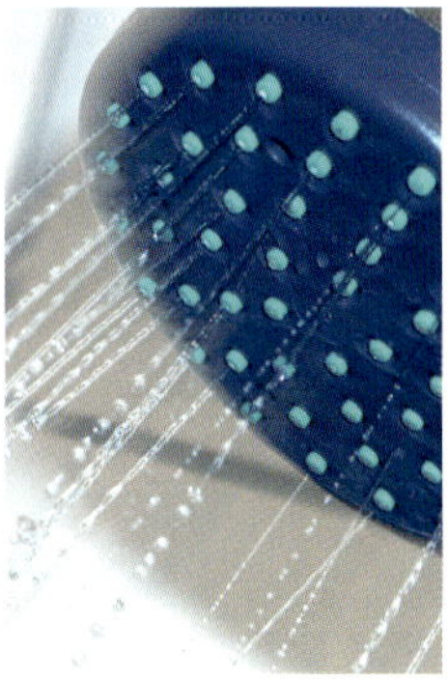

bewusst etwas Gutes tun. Seien Sie es sich wert, gepflegt und verwöhnt zu werden. Das Ergebnis wirkt sich positiv auf Ihr Wohlbefinden aus. Sie fühlen sich frisch und gesund. Deshalb lohnt es sich, wenn Sie sich (regelmäßig) Zeit nehmen:

- für die tägliche Hygiene, damit Sie sich sauber und sicher fühlen;
- zum Duschen, um allen Ballast von sich abzuduschen;
- für ein Vollbad, um in der warmen Wanne alle Sorgen zu ertränken und die Spannungen zu lösen;
- um sich einzucremen und die Haut mit Nahrung zu versorgen;
- für ein Sonnenbad, wenn Ihre Haut es verträgt, um die Kraft der Sonne in sich aufzunehmen;
- für einen Saunabesuch, um einmal einzuheizen und Dampf abzulassen, oder
- für eine oder mehrere Massagen, damit schwerere Verspannungen gar nicht erst entstehen können.

Sexualität

Genießen Sie eine freudige und lustvolle Sexualität.

Sexualität könnte man fast als das Gegenteil von Stress bezeichnen. In Stresssituationen werden sexuelle Funktionen gehemmt, denn die würden den Körper von der wichtigen Aktivität ablenken, die Sie benötigen, um Ihre Aufgabe zu lösen. Im „Kampf" oder auf der „Flucht" kommen Sie nur selten auf sexuelle Gelüste. Impotenz und Unfruchtbarkeit sind deshalb nicht zufällig mögliche Symptome von chronisch gestressten Menschen. Lustvolle Sexualität können Sie nicht erleben, solange Sie Ihren Stress aufrechterhalten. Wenn Sie (entspannten) Sex haben, können Sie sich nicht um andere Herausforderungen kümmern. Gleichzeitig werden beim Sex Hormone ausgeschüttet, die sozusagen Gegenspieler der Stresshormone sind. So können Sie Ihren Stress regelrecht neutralisieren.

Leider bedeutet Sex an sich für viele Menschen Stress. Unsere Sozialisation belegt nach wie vor das Lustvolle an der Sexualität mit einem Tabu. Sexuelle Aufklärung beschränkt sich in der Regel auf biologische

Phänomene und gibt Hinweise auf sexuelle Techniken. Die Gefühle und der Genuss werden weitestgehend ausgeklammert und Sexualität als Mittel zur Fortpflanzung dargestellt. Sexualität ist der Ehe oder treuen Partnerschaften vorbehalten, alle anderen Formen von Sexualität sind für die meisten Menschen zwangsläufig mit einem schlechten Gewissen, also auch mit Stress verbunden.

Darüber hinaus gibt es eine Reihe von Verhaltensunsicherheiten bezüglich der Sexualität, die ebenfalls Stress erzeugen, zum Beispiel:

- Leistungsdruck und theoretische Verhaltensideale bei sexuellen Aktivitäten;
- mangelnde Kommunikationsfähigkeit über sexuelle Interaktionen;
- Unsicherheiten bezüglich des Umgangs mit der Sexualität der Kinder;
- psychische Folgen selbst erlebter Tabuisierung oder eines erlebten Missbrauchs;
- ungünstige Koppelungen wie „sex and crime“, „sex and drugs and rock’n roll“, durch die Sex an sich mit dem „Lasterhaften“ in eine Reihe gestellt wird.

Wenn Sie unter sexuellen Problemen leiden, suchen Sie sich Hilfe. Vielleicht kann eine Therapie Sie (wieder) in Kontakt bringen mit Ihrem wichtigsten Gegenspieler zum Stress.

Ernährung

Auch die Ernährung kann den Stress bzw. unseren Umgang mit dem Stress beeinflussen. Eine ausgewogene Ernährung fördert den Stoffwechsel, die Konzentrations- und die Leistungsfähigkeit. Viele Ernährungsratgeber haben sich bereits hinreichend mit diesem Thema beschäftigt, sodass ich hier nur einige wenige stressrelevante Hinweise zum Thema geben möchte.

1. Eine gesunde Ernährung sollte ausgewogen sein.

Eine ausgewogene und gesunde Ernährung besteht:

- zum größten Teil aus Getreide und Kartoffeln, gefolgt von
- Gemüse, Salat und Obst, weiter aus
- Milchprodukten, Fleisch, Fisch, Geflügel, Wurst und Eiern und
- nur zu einem minimalen Teil aus Fetten, Ölen und Süßigkeiten.

2. Natürliche Nahrungsmittel sind immer gesünder.

Natürliche Nahrungsmittel sind immer gesünder, als die Nährstoffe in Form von Pillen oder (künstlichen) Säften zu sich zu nehmen. Sie werden in der Regel besser vom Körper aufgenommen und verursachen keine Nebenwirkungen.

3. Magnesium hilft bei der Entspannung.

Für gestresste Menschen ist Magnesium sehr hilfreich, weil es die Entspannung fördert. Magnesiumreiche Nahrungsmittel sind zum Beispiel:

- Vollkorn(produkte)
- alle Hülsenfrüchte wie Erbsen, Bohnen, Linsen, Kichererbsen
- Mandeln und Nüsse
- und besonders auch Kürbiskerne, Leinsamen, Pinienkerne, Sonnenblumenkerne

Am Abend genossen, können diese Lebensmittel dabei helfen, Schlafstörungen zu lindern.

4. Ihr Immunsystem braucht Eisen. Beugen Sie Eisenmangel vor.

Für eine gesunde Immunabwehr ist eine ausreichende Eisenversorgung notwendig. Wer unter Eisenmangel leidet, ist blass, müde und neigt zu Infektionen. Das ist grundsätzlich keine gute Voraussetzung, um dem Stress im Alltag gewachsen zu sein. Damit es dazu gar nicht erst kommt, brauchen Sie neben der Aufnahme von *Eisen* selbst auch *Chlorophyll* und *Vitamin C*. Diese beiden Stoffe sorgen nämlich dafür, dass der Körper das Eisen aus der Nahrung überhaupt aufnehmen und verwerten kann. Deshalb ist es wichtig, dass Sie neben der eisenhaltigen Nahrung auch (am besten grüne) Vitamin-C-haltige Nahrung zu sich nehmen, sonst scheidet der Körper das Eisen ungenutzt wieder aus.

Besonders eisenhaltige Nahrungsmittel sind:

- Vollkorn(produkte)
- alle Hülsenfrüchte
- Broccoli, Grünkohl, Karotten, Spinat und Mangold
- Oliven, Artischocken
- (mageres) Fleisch, insbesondere Leber (von zu häufigem Lebergenuss würde ich allerdings wegen des relativ hohen Schadstoffgehalts abraten!)
- Sardinen, Sardellen, Tintenfisch und
- Eigelb

Auch einige Kräuter sind sehr eisenhaltig, zum Beispiel Schnittlauch und Petersilie. Kombinieren Sie eisenreiche Kost aber immer mit frischem Gemüse oder Obst.

Der Renner unter den Eisenlieferanten ist die *Petersilie*, denn sie hat sowohl viel Eisen als auch Chlorophyll und sehr viel Vitamin C. Wer also unter Eisenmangel leidet, sollte sich ab und zu ein Büschelchen Petersilie in die Backentasche stecken und ausgiebig darauf herumkauen.

5. Trinken Sie ausreichend, vor allem Wasser.
Wasser versorgt uns nicht nur mit Flüssigkeit, Mineralien und Spurenelementen, sondern fördert auch den Stoffwechsel. Das Lymphsystem unseres Körpers ist auf eine ausreichende Flüssigkeitszufuhr angewiesen, um seine reinigende Funktion zu erfüllen. Gleichzeitig fördert das Wasser den Fluss in den elektrischen Leitungen im Körper. Das macht uns im Denken flexibler und fördert so Leistungsfähigkeit und Konzentration.

Sie sollten täglich 1 bis 2 Liter Wasser trinken. Natürlich können Sie Ihren Flüssigkeitsbedarf auch über andere Getränke und wasserhaltige Nahrungsmittel decken. Allerdings belasten die anderen Inhaltsstoffe in Tees, Kaffee, Säften, milch-, zucker- oder alkholhaltigen Getränken den Organismus. Deshalb sollten Sie den reinen Flüssigkeitsbedarf am besten mit (Mineral-)Wasser abdecken. Probieren Sie es aus, welche Wirkung das Wasser auf Sie hat und welche Menge täglich sich positiv auf Ihr Stressmanagement auswirkt.

6. Halten Sie sich zurück im Umgang mit Alkohol, Tabak, Drogen und sonstigen Genussmitteln.
Manchmal erleichtert das Glas Wein oder die Zigarette vielleicht die Entspannung, aber beides sollte sich in Maßen halten. Eine Abhängigkeit – von welchem Mittel auch immer – schafft Ihnen zusätzlichen Stress. Sie müssen sich nämlich darum kümmern, den „Stoff" zu besorgen und zu konsumieren. Das ist eine zusätzliche Herausforderung, und eigentlich haben Sie doch schon genug „um die Ohren". Besonders stressig wird es, wenn Ihnen das gewohnte Mittel einmal nicht zur Verfügung steht. Denn es ist das Wesen der Abhängigkeit, dass Sie sich in diesem Moment um nichts anderes mehr kümmern können, als dieses Bedürfnis zu befriedigen. Das bedeutet natürlich, dass Sie andere Aufgaben nur noch unter erheblichem Stress erledigen

können oder sie einfach liegen lassen. Später, wenn Sie feststellen, wie viel Sie dadurch nicht geschafft haben, meldet auch der Stress sich wieder.

Wir sind alle nicht frei von Versuchungen, die uns (kurzfristig) ja oft Erleichterung verschaffen. Aber machen Sie sich Ihren Umgang mit diesen Mitteln bewusst. Dann merken Sie auch, was Ihnen noch gut tut, und wann der Konsum doch überhand nimmt.

Geistigen Ausgleich schaffen

Neben aller Körperarbeit können Sie Ihren Stress auch über den Geist ausgleichen. Wie Sie bereits im ersten Kapitel gesehen haben, reagieren das Bewusstsein bzw. das Unter- oder Unbewusste in ganz spezifischer Weise auf Stress. Das Gehirn verarbeitet die Herausforderungen des Alltages nach altbekannten Mustern und Programmen, ohne über Sinn und Zweck oder die Effizienz der Aktivitäten nachzudenken. Wenn der Stress überhand nimmt, braucht das Gehirn eine Pause, eine andere Form der Reizverarbeitung. Einige der ausgleichenden geistigen Aktivitäten sind bereits in der Körperarbeit angesprochen worden, denn Körper und Geist sind im Grunde ja nicht trennbar und beeinflussen sich gegenseitig.

Glauben

Manche Menschen erfahren einen sehr effektiven Stressausgleich durch ihren Glauben. Das kann, muss aber kein religiöser Glaube sein. In dem Moment, in dem wir erfahren, dass wir begrenzt sind in unseren Fähigkeiten, in unseren Möglichkeiten, in unseren Erkenntnissen, ist es gut, wenn wir uns darauf verlassen können, dass es eine höhere Kraft gibt, die über unsere individuelle Aktionsfähigkeit hinaus wirksam ist. Wenn wir glauben und darauf vertrauen, dass es Auswege gibt, auch da, wo wir sie nicht mehr sehen, und dass im Zweifelsfall das Gute im Menschen siegt, dann müssen wir uns nicht mehr verantwortlich fühlen und können den Stress loslassen.

Meditation

Meditation bedeutet im Grunde nichts anderes, als etwas geistig abzumessen, über etwas nachzudenken, sich in Gedanken oder eine Betrachtung zu versenken. Um sich in Ruhe geistig in etwas versenken zu können, müssen viele Eltern zunächst einmal lernen, den Gedanken freien Lauf zu lassen.

Erlauben Sie sich, Ihren Gedanken freien Lauf zu lassen.

Das ist in der Hektik unseres Alltages manchmal kaum noch möglich. Ständig werden zielgerichtetes Denken und Handeln von uns erwartet. Die vielfältigen Anforderungen des Familienlebens lassen uns keine Zeit, keinen Raum und keine Muße. In Wirklichkeit braucht der Geist aber diese Art der Entspannung als Ausgleich zur stetigen Konzentration.

In der Meditation lernen Sie wahrzunehmen, welche Vielfalt an Gedanken in Ihnen existiert, und Sie beginnen sich von den Gedanken zu lösen. Für viele ist das keine leichte Aufgabe, denn für in der Meditation Ungeübte scheint das zunächst eine nutzlose Zeitverschwendung zu sein. Aber diese Form der inneren Versenkung bietet dem Gehirn die Möglichkeit zu entspannen. Sie müssen nichts mehr denken und kommen innerlich zur Ruhe.

Meditation wird in zwei verschiedenen Formen praktiziert. Bei der einen meditiert man sozusagen in sich selbst, schließt die Augen und beobachtet sich anhand folgender Fragen: Was finde ich in mir? Was geht in mir vor? Was passiert, wenn ich meine Gedanken beobachte und mich von ihnen löse? (Dieser Prozess kann von ruhiger Musik begleitet werden.)

In der zweiten Form der Meditation wird die Aufmerksamkeit auf ein Symbol gerichtet. Diese Art zu meditieren kennen wir aus religiösen Zusammenhängen. Sie ist aber auch in unserem profanen Alltag praktizierbar. Dazu eignen sich besonders beruhigende oder schöpferische Symbole. Das können Objekte sein wie Kugeln, Steine, Gefäße, Skulpturen, Blumen, Früchte oder Objekte, die Ihnen im Alltag immer wieder begegnen und die Sie zu bestimmten Gedanken anregen. Auch Bilder können Symbole für eine Meditation sein.

Wählen Sie aber nicht jeden Tag ein neues Symbol, sondern meditieren Sie eine Zeit lang immer wieder mit demselben. So können Sie erfahren, wie ein und dasselbe Symbol immer wieder neue Gedanken, Erkenntnisse und Erfahrungen initiiert.

Mentaltraining

Mentaltraining ist eine Methode, die Gedanken so zu lenken, dass wir uns besser auf unsere Arbeit konzentrieren können. Sie wird zum Beispiel in Zusammenhang mit Methoden wie NLP oder Hypnose gelehrt. Das Mentaltraining ist im Grunde eine Fortführung der Meditation. Sie lernen, die Gedanken in einen geordneten Fluss zu bringen, hin auf ein Ziel. Bisher wird dieses Training hauptsächlich in beruflichen und sportlichen Zusammenhängen praktiziert. Auch Raucherentwöhnung oder Drogentherapien und Diäten werden zuweilen von Mentaltrainings begleitet.

In der Familie ist ein Mentaltraining ebenfalls sehr angebracht, insbesondere im Hinblick auf Stresssituationen, in denen Sie regelmäßig überfordert sind oder sogar die Nerven verlieren. Sicherlich ist es hilfreich, eine Mentaltrainingsmethode bei einer erfahrenen Fachkraft zu erlernen. Mit ein wenig Übung ist es vielleicht möglich, dass Sie es allein durchführen. Allerdings gilt auch hier der Grundsatz, dass Sie diese Fähigkeit regelmäßig trainieren müssen, wenn Sie sie nicht wieder verkümmern lassen wollen. Dabei hilft es manchmal, die regelmäßige Anleitung in einer Gruppe oder durch einen persönlichen Berater in Anspruch zu nehmen.

Kulturelle Anregungen

Die Beschäftigung mit:

- Musik, sei es das Hören oder die aktive musikalische Betätigung,
- Kunst, sei es die (meditative) Betrachtung oder das Schaffen künstlerischer Werke,
- dem Schauspiel als dem „Spiel des Lebens",
- Poesie und Literatur,
- spirituellen oder religiösen Praktiken.

fordert unseren Geist auf andere Weise heraus, als die Aufgaben und Herausforderungen des Alltags und der Arbeit dies tun. Diese kulturellen Anregungen zwingen uns zur Muße, sonst können wir sie nicht erleben. Ein Konzert, eine Ausstellung, ein Theaterstück oder eine anregende Lektüre fordern uns mit unserer ganzen Persönlichkeit. Das Gehirn bekommt Anregungen, die wie Nahrung wirken, wenn wir uns darauf einlassen. Auch die aktive Ausübung künstlerischer Tätigkeiten regt ganz andere Hirnregionen an als zum Beispiel die Lösung kognitiver Probleme. Wir werden dadurch insgesamt flexibler, nicht nur im Denken, sondern auch in unseren Handlungsmöglichkeiten

im täglichen Leben. Durch diese zunehmende Flexibilität schulen und erweitern wir sozusagen unser Verhaltensrepertoire im Alltag. Je flexibler wir sind, desto vielfältiger sind auch unsere Möglichkeiten, mit Stress umzugehen.

Kreative Techniken

Ähnlich wie mit den kulturellen Anregungen verhält es sich mit allen kreativen Aktivitäten, die Menschen meistens als Hobbys betreiben. Dazu gehören – neben allen sportlichen Disziplinen – zum Beispiel:

- Bildgestaltung in verschiedenen Techniken
- Handarbeiten aller Art
- Bastelarbeiten aller Art
- Töpfern oder Bildhauerei
- Floristik
- Gartenarbeit und -gestaltung
- Fotografie
- Sammlungen
- Tagebuch- oder Gedankenaufzeichnungen
- Gesellschaftsspiele

Tun Sie regelmäßig Dinge, die Ihnen Spaß machen. Schaffen Sie sich genügend Raum und Zeit, um solche Hobbys zu pflegen. Das macht Spaß und fördert den Ausgleich zu allem Stress, den Sie im Alltag in der Familie und im Beruf erleben.

Der Angst begegnen

Die Angst ist das Gefühl, das den negativen Stress auslöst. Sie ist die seelische Komponente des Stresses. Wenn Sie Ihre Ängste kennen, können Sie Ihren Stress kontrollierbar halten oder machen.

Die Angst ist ein Gefühl, mit dem die meisten von uns nur schwer umgehen können. Viele haben ein fest verankertes inneres Gebot, das heißt: „Ich darf keine Angst haben!" Jedes Mal, wenn die Angst dann doch auftaucht, geraten wir in eine hilflose Situation. Wir haben Angst, eine Aufgabe nicht lösen zu können oder einer Herausforderung nicht gewachsen zu sein. Da dies aber nicht sein darf, mobilisieren wir alle inneren Kräfte, um dies zu vertuschen, zu verdrängen, selbst nicht wahrzunehmen und zu überspielen. Natürlich ist es unmöglich, Hilfe zu suchen, wenn ich die Angst gar nicht mehr als solche wahrnehme. In der Folge stellen sich Gefühle von Hilflosigkeit und Wut ein, die uns genauso wenig weiterhelfen – im Gegenteil. Auch Wut und Hilflosigkeit sind Gefühle, die wir nicht haben dürfen, und schon verstärken wir den Stress, den wir ohnehin schon haben.

Dieser psychische Mechanismus führt in die unkontrollierbare Stressreaktion. Durch die Verdrängung wird die innere Alarmsituation aufrechterhalten. Wenn sich mehrere solcher unkontrollierbarer Stresssituationen wiederholen oder überlagern, kommt es irgendwann zwangsläufig zur Entladung oder zur Erschöpfung.

Um dies zu verhindern, ist es wichtig zu lernen, dass Angst und Hilflosigkeit Gefühle sind, die zu uns gehören wie Freude und Liebe auch. Aber wir brauchen die Hilfe anderer Menschen, wenn wir diese Gefühle empfinden. Und um diese Hilfe müssen wir andere bitten, müssen uns mit unserer Angst und Hilflosigkeit offenbaren, müssen diese Gefühle zunächst uns selbst eingestehen und sie dann auch noch anderen gegenüber äußern. Das ist für viele kein leichtes Unterfangen, aber Sie können es lernen. Gerade in der Familie haben Sie eine gute Chance, den Umgang mit der Angst zu lernen: Erlauben Sie den Kindern, Angst zu haben. Wenn Sie die Kinder mit Ihren Ängsten ernst nehmen und ihnen Hilfe anbieten, dann brauchen Sie nur noch zuzuschauen, wie die Kinder durch Ihre Hilfe die Angst verlieren und ganz neue Möglichkeiten der Stressbewältigung entwickeln. An diesem Modell können Sie sich auch für den Umgang mit Ihren eigenen Ängsten orientieren.

- Gestehen Sie sich ein, dass Sie Angst haben.
- Benennen Sie Ihre Angst.
- Sprechen Sie mit anderen über Ihre Ängste.
- Überlegen Sie, wer Ihnen helfen kann, mit der Angst umzugehen und die anstehenden Aufgaben trotzdem zu lösen.

Vielleicht haben Sie in der Familie oder im Freundeskreis jemanden, mit dem oder mit der Sie darüber sprechen können. Vielleicht können Sie mit dieser Hilfe Ideen entwickeln, wie Sie anders als bisher mit Ihrer Angst umgehen können. Probieren Sie es aus. Sie werden sehen, dass Sie dadurch nur sicherer werden. Wenn Sie keine Angst vor Ihrer Angst mehr haben, werden Sie auch sicherer in Stresssituationen und können neue Möglichkeiten der Stressbewältigung entwickeln.

An Gespräch(sgrupp)en teilnehmen

Eine große Erleichterung ist es, wenn Sie nicht nur das Gespräch über Ihre eigenen Ängste suchen, sondern sich auch grundsätzlich mit anderen über Angst und Stress austauschen. Vielleicht suchen Sie sich eine Beratung, in der Sie sich immer wieder bestärken lassen, Ihre neuen Stressbewältigungsstrategien zu üben. Vielleicht nehmen Sie an einer Gruppe teil, in der alle ein ähnliches Problem haben. Dort können Sie feststellen, dass Sie nicht allein sind mit Ihrem Stress, Ihrer Angst oder Ihren Problemen. Das entlastet oft schon, denn wenn Sie sehen, dass es den anderen genauso geht wie Ihnen, können Sie nicht so verkehrt sein, wie Sie manchmal denken. Das entlastet das (schlechte) Gewissen und schafft eine neue Offenheit für noch nicht bekannte oder geübte Problemlösungen.

In der Gruppe können Sie:

- kompetente und interessierte Gesprächspartner finden;
- Ideen entwickeln;
- sich über Lösungen und Strategien austauschen;
- neue Möglichkeiten der Stressbewältigung erarbeiten und ausprobieren;
- sich gegenseitig unterstützen und bestärken;
- eine Gelassenheit für Ihre Unsicherheiten entwickeln.

Verhaltenstraining

Bei starken Angstattacken ist es ratsam, ein Verhaltenstraining durchzuführen. In den meisten Fällen wird dies unter Anleitung eines erfahrenen Verhaltenstherapeuten stattfinden. Es würde den Rahmen dieses Buches sprengen, hier näher auf die Theorie und Praxis der Verhaltenstherapie einzugehen. Im Literaturverzeichnis habe ich auf ausführliche und anschauliche Erläuterungen in anderen Büchern hingewiesen.

Unter bestimmten Umständen ist es möglich, dass Sie sich selbst ein Verhaltensprogramm aufstellen und in Eigenregie trainieren, Ihre Angst in den Griff zu bekommen.

Entwickeln Sie den Mut, Situationen bewusst auszulösen, in denen Sie Angst haben. Benennen Sie Ihre Angst und lösen Sie sie mut-willig aus: Das bedeutet, dass Sie den Mut haben, sich der Situation zu stellen, und willig sind, diese Angst zu besiegen oder sie berechenbar zu machen. Beginnen Sie ein eigenes Training mit einer Angst, die Sie vielleicht als lähmend, aber noch nicht als bedrohlich wahrnehmen. Ängste können vielfältig und individuell sehr unterschiedlich sein, deshalb müssen Sie für sich herausfinden, welcher Angst Sie sich als erstes stellen wollen, zum Beispiel die Angst:

- einen Fehler offen einzugestehen;
- verdorbene Lebensmittel in den Supermarkt zurückzubringen;
- dicht am Feuer zu sitzen;
- sich einem Hund zu nähern;
- den eigenen Ärger oder die eigene Wut zum Ausdruck zu bringen;
- sich bei Elternabenden oder vor mehreren Menschen zu Wort zu melden;
- um die eigenen Kinder angesichts von Meldungen in den Medien über missbrauchte und getötete Kinder;
- vor dem Spurwechsel;
- über große leere Plätze zu gehen oder
- in engen Gängen, in Fahrstühlen oder in Menschenansammlungen;
- im Dunklen;
- vor Konflikten (bestimmter Art).

Die Liste ließe sich unendlich fortführen, Sie können sie selbst für sich erweitern.

Für Ihr Training gehen sie in fünf Schritten vor:

1. Sie benennen Ihre Angst.
Sie sagen sich: „Ich habe immer Angst vor…oder wenn… (etwas Bestimmtes) passiert."

2. Sie schaffen sich eine positive Programmierung.
Sie sagen sich Sätze, die Sie stark machen, damit Sie keine Angst vor der Angst mehr haben. Zum Beispiel: „Ich werde gelassen … (dicht am Feuer sitzen, die Horrormeldungen in der Zeitung lesen, meinen Ärger formulieren etc.)."
Achten Sie auf positive Formulierungen, denn das Unterbewusstsein übersieht die Verneinung. Also keine Sätze wie „Ich werde nicht / keine Angst haben vor…" o.Ä., denn dann besteht die Gefahr, dass genau das eintrifft, was Sie verhindern wollten. Manchmal hilft es, wenn Sie sich diese Sätze aufzuschreiben.

3. Sie suchen die Konfrontation mit der Angst oder lösen die Situation bewusst aus.
Sie wechseln zum Beispiel die Straßenseite, um ganz dicht an dem Hund vorbeizugehen, der dort mit seinem Herrchen spazieren geht. Oder Sie ergreifen ganz bewusst das Wort vor einer größeren Gruppe, Sie gehen mit Absicht im Dunklen spazieren (etc.) und spüren, wie die Angst sich anfühlt.

4. Die positive Programmierung und Ihr Atem werden Ihnen helfen.
Sie erinnern sich an Ihre positive Programmierung und sagen sich immer wieder diesen Satz. Gleichzeitig achten Sie auf Ihren Atem. Die Angst blockiert den Atem und umgekehrt: Der blockierte Atem schürt die Angst. Vertiefen Sie also ganz bewusst Ihren Atem, lassen Sie ihn sich im ganzen Körper ausbreiten, und atmen Sie bis zu Ende aus. Mit dem Einatem tanken Sie Mut und Kraft, mit dem Ausatem lassen Sie alle Spannungen

los. Vielleicht gelingt es Ihnen sogar, die Angst mit dem Ausatem loszulassen.

5. Ziehen Sie Bilanz, freuen Sie sich über Erfolge.
Wenn die Situation hinter Ihnen liegt, erinnern Sie sich noch einmal. Fragen Sie sich: „Wie ging es mir in der Situation? Wie hat sich die Angst angefühlt? Wie war der Atem? Wie hat die Programmierung gewirkt? Was hat sich durch diese Übung (an der Angst) verändert?" Aus diesen Fragen können Sie dann eventuell notwendige Konsequenzen für die nächste Übungssituation ziehen.

In jedem Fall ist es hilfreich, wenn Sie sich mit jemandem darüber austauschen, um Ihre Erfolge zu teilen und sich immer wieder bestärken zu lassen.

Diese Übung wird Sie stark machen, nicht nur im Hinblick auf die bearbeitete Angst, sondern ganz grundsätzlich für Ihren Umgang mit Angst. Wenn Sie dadurch langfristig die Angst vor der Angst verlieren, haben Sie eine wesentliche Voraussetzung geschaffen, um auch den Stress nicht mehr zu fürchten.

Zum Schluss

Dieses Buch gibt Ihnen viele Informationen, Hinweise, Tipps, Vorschläge, Ratschläge, Empfehlungen und Anregungen. Sicherlich hatten Sie beim Lesen hin und wieder das Gefühl: „Die hat gut schreiben! Wenn die wüsste, wie es tatsächlich bei uns zugeht … Das ist alles reine Theorie!“

Mit diesem Gefühl sind Sie nicht allein, denn:

Zwischen Theorie und Praxis der Stressbewältigung liegen Welten. Es sind die Welten menschlicher Unvollkommenheit, die zumindest nicht auflösbar sind, solange Menschen miteinander kommunizieren. Da sind gegenseitige Erwartungen, Wünsche, Missverständnisse, verschiedene Ansprüche und Bedürfnisse und Gefühle wie Angst, Hilflosigkeit und Wut, die jeden Einzelnen von uns unweigerlich immer wieder in unkontrollierbare Stresssituationen treiben.

Die Familie ist der Ort, in der wir das menschliche Miteinander zu leben lernen. Und gerade in den aktuellen Zeiten, in denen:

- die meisten Familien neue Formen des Zusammenlebens erproben, für die es vorher kein Vorbild gab und die sie sich vielleicht nicht freiwillig ausgesucht haben,
- so vielfältige verschiedene Familienformen nebeneinander existieren, dass wir uns an keinem allgemeingültigen Bild von Familie mehr orientieren können und unsere eigene Lebensweise täglich neu definieren müssen,
- die stressfreie Interaktion mit vielfältigen Kulturen häufig noch scheitert,

da ist der massiv empfundene Stress geradezu logisch und verständlich. Es gibt zurzeit für die meisten Familien kein „Programm", das von allein abläuft, wenn es „angeklickt" wird. Unser Gehirn muss für diese neuen Formen des (Zusammen-)Lebens erst neue Strukturen und Verknüpfungen herausbilden. Dazu bedarf es der Übung und der Geduld und der Liebe.

Deshalb geben Sie nicht resigniert auf, sondern beginnen Sie für sich mit realistischen Übungen und Veränderungen. Sie werden Ihr Leben nicht von heute auf morgen komplett ändern können, aber Sie können sich entscheiden, an welcher Stelle Sie etwas verändern und neue Formen und Verhaltensweisen einüben wollen.

Dabei wünsche ich Ihnen alles Gute!

Literatur

Ich habe in diesem Buch auf wörtliche Zitate verzichtet und die Dinge im Hinblick auf eine flüssige Lesbarkeit mit meinen Worten dargestellt. Dabei habe ich mich auf die Aspekte beschränkt, die aus meiner Sicht für Familien wirklich relevant sind.

Andere haben bereits vor mir hilfreiche Bücher geschrieben, und wer sich weiter mit dem Thema beschäftigen möchte, dem empfehle ich die folgenden Literaturhinweise.

Zum Thema Stress und Stressbewältigung

- Birkenbihl, Vera F.: Freude durch Stress, mvg, Landsberg 2001[15].
- Burger, Doris: Fitness für Gestresste, BLV, München 2000.
- Hüther, Gerald: Biologie der Angst. Wie aus Stress Gefühle werden, Vandenhoeck & Ruprecht, Göttingen 1997.
- Quast, Christoph von: Psychotest: Stressmanagement, Humboldt, München 1994.
- Stehling, Wolfgang: JA zum Stress. Höchstleistungen bringen und im inneren Gleichgewicht bleiben, Campus, Frankfurt / Main 2000.
- Tausch, Reinhard: Hilfen bei Stress und Belastung. Was wir für unsere Gesundheit tun können, Rowohlt, Reinbek bei Hamburg 2002.
- Vester, Frederic: Phänomen Stress, dtv, München 1998[16].

Zum Thema Entspannung

- Preuschoff, Gisela: Ganz entspannt mit Kind und Kegel. Meditationen für gestresste Mütter, Kösel, München 1997.

- Walter, Dagmar C.: Autogenes Training für Kinder. Phantasiereisen zum Entspannen, dtv, München 1998.

Zum Thema Verhaltenstraining

- Bassett, Lucinda: Angstfrei leben. Das erfolgreiche Selbsthilfeprogramm gegen Stress und Panik, Beltz, Basel 2000.
- Schuster, Klaus: Abenteuer Verhaltenstherapie. Neue Erlebnisse mit sich und der Welt, dtv, München 1999.

Zum Thema Kommunikation

- Gordon, Thomas: Die Neue Familienkonferenz. Kinder erziehen ohne zu strafen, Heyne, München 1994.
- Moeller, Michael Lukas: Die Wahrheit beginnt zu zweit. Das Paar im Gespräch, Rowohlt, Reinbek bei Hamburg 1992.
- Satir, Virginia: Selbstwert und Kommunikation. Familientherapie für Berater und zur Selbsthilfe, Klett-Cotta, Stuttgart 2000[14].
- Watzlawick, Paul: Menschliche Kommunikation. Formen, Störungen, Paradoxien, Hans Huber, Bern 2000[10].

Zum Thema Rituale

- Diekemper, Elisa / Reimann-Höhn, Uta: Rituale geben Sicherheit. Wie Kinder Vertrauen gewinnen, Herder, Freiburg 2001.
- Kaufmann-Huber, Gertrud: Kinder brauchen Rituale. Ein Leitfaden für Eltern und Erziehende, Herder, Freiburg 2001.
- Kunze, Petra / Salamander, Catharina: Die schönsten Rituale für Kinder. Vertrautes schenkt Geborgenheit und Halt. Rituale für Alltag, Erziehung und Lebenswenden. Extra „Schöne Feste mit Kindern feiern". Gräfe und Unzer, München 2000.
- Nitsch, Cornelia: Die schönsten Familienrituale. Mit vertrauten Sachen Kindern Halt und Geborgenheit geben, Goldmann, München 1999.

Zum Thema Leben mit Kindern

- Biddulph, Steve: Das Geheimnis glücklicher Kinder, Heyne, München 2001.
- Neumann, Ursula: Wenn die Kinder klein sind, gib ihnen Wurzeln, wenn sie groß sind, gib ihnen Flügel. Ein Elternbuch, dtv, München 2001.
- Reader's Digest: Wenn der Seele Flügel wachsen. Familienleben, Verlag Das Beste, ohne Datum.
- Rijt, Hetty van de / Plooij, Frans X.: Oje, ich wachse. Von den acht „Sprüngen“ in der mentalen Entwicklung Ihres Kindes während der ersten 14 Monate und wie Sie damit umgehen können, Goldmann, München 1998.
- Rogge, Julia: Den Alltag in den Griff bekommen. Familien-Management, dtv, München 2000.
- Rogge, Julia: Einfach und schnell zur Müttergenesungskur. Alle wichtigen Tipps, damit Ihre Kur ein voller Erfolg wird. Mit Textvorschlägen für Ihre Briefe. Trias, Stuttgart 2002.

Hier finden Sie Hilfe

Wenn Ihnen der Stress über den Kopf wächst, sollten Sie das Gespräch mit anderen Eltern suchen. Wenn dies jedoch nicht mehr ausreicht, um den alltäglichen Stress in den Griff zu bekommen, werden klärende Gespräche oder gezielte therapeutische Maßnahmen bei Fachleuten notwendig. Dann sollten Sie sich an eine Beratungsstelle wenden, bevor Sie schwerwiegendere gesundheitliche Probleme bekommen.

Ein Ansprechpartner ist sicherlich Ihr Arzt oder Ihre Ärztin. Sie können sich aber auch direkt an eine Beratungsstelle für Familienfragen wenden. Klassische Anbieter für eine solche Beratung sind die folgenden Organisationen, die Sie in Ihrem örtlichen Telefonbuch oder im Internet finden:

Internetadressen

für Deutschland:

Die Arbeiterwohlfahrt (AWO):	www.awo.org/pub
Die Caritas:	www.caritas.de
Deutsche Arbeitsgemeinschaft für Jugend- und Eheberatung:	www.dajeb.de
Das Deutsche Rote Kreuz (DRK):	www.rotkreuz.de
Das Diakonische Werk (DW):	www.diakonie.net
Das Müttergenesungswerk:	www.muettergenesungswerk.de

für Österreich:

Die Caritas:	www.caritas.or.at
Das Diakonische Werk (DW):	www.diakonie.at
Österreichischer Familienbund:	www.familienbund.at
Die Volkshilfe:	www.volkshilfe.at

für die Schweiz:

Die Caritas:	www.caritas.ch
Elternnotruf Zürich:	www.elternnotruf.ch
Schweizerischer Katholischer Frauenbund (SKF):	www.frauenbund.ch
Männerbüro Zürich:	www.mannebuero.ch
Pro Familia Schweiz:	www.profamilia.ch
Stiftung zämeläbe:	www.zaemelaebe.ch

Darüber hinaus gibt es Familienbildungsstätten, Elternschulen und (Familien-)Beratungsstellen in kommunaler oder freier Trägerschaft, die Ihnen weiter helfen können. Fragen Sie bei der Verwaltung Ihrer Kommune nach, oder schauen Sie unter dem jeweiligen Namen der Institution im Telefonbuch. Auch Kindergärten und Schulen arbeiten oft mit Beratungsstellen zusammen. Die ErzieherInnen oder LehrerInnen Ihrer Kinder können Ihnen bei Bedarf sicher Adressen von Beratungsstellen nennen.